うまいを上手く伝えて売れるを作る驚きの商品開発術

大手コンビニ・食品スーパーのあの人気商品はどうやって生まれたのか？

近野 潤
長田敏希

ダイヤモンド社

はじめに

どうしたら、商品開発1年目の担当者でもヒット商品を生み出せるか？　本書はその秘訣《ひけつ》をみなさんにお伝えする本でもあります。

私たちは、ヒット商品を生み出し、お客様の生活をより豊かにするために「商品開発塾」を開講しました。最初の生徒は大手スーパーマーケットのバイヤー4人で、そこからスタートしました。

本当にごく小規模で始めた塾でしたが、幸いメンバーからご好評をいただき、2年目に入り、同社のバイヤー全員を集めて2時間の講座を行うことになりました。

講座の骨子は、これから本書でお話しする内容を短くまとめたものです。

とある日の2時間の講座を終えたときでした。参加してくださったバイヤーの一人が私に声をかけてくれました。

「私はバイヤーとして麺の担当をしています。新たな視点でお客様が本当に喜ぶ商品をつくりたいと思っています。自分がやりたい商品は何なのか？　ゼロベースで取り組んでいきたいので、ご指導をお願いします！」

彼は新人バイヤー。熱い想いが真っすぐに伝わり、自分の新人時代と重なりました。

「どんな商品をつくりたいのか、学んだことも踏まえて提案してきてほしい」

まずはシンプルに言葉をかけました。

そして数日後、彼が提案してきたのは、なんと「こだわりのカレーうどん」でした。麺類の中でもそれほどマーケットの大きい商品ではありません。ラーメンや焼きそばなどのほうが明らかにマーケット規模は大きいのです。しかし、彼は「自社開発商品のおいしいカレーうどんをつくりたい！」との想いが強く、驚くことに、すでに来期の商品開発の計画について担当部長の承諾を得てきていたのです。

商品づくりへの想い、「カレーうどん」のマーケットでヒット商品を生み出したいという想いが伝わり、わくわく感が私にも湧いてきました。

そして最初にアドバイスをしたのは、お客様が何に困っているのか、つまりお客様の「不」を知ることだと思い、「まずは売場でお客様の声を聞いてみたらどうか?」と、現場のリアルな声を直接聞くことを彼に話しました。

すると、彼はすぐに行動に移し、週末、スーパーのレジのそばに立ち、「すみません、ちょっと失礼します。私はいまカレーうどんを開発しているのですが、カレーうどんで困っていることはありますか?」と、来店されるお客様一人ひとりに声をかけ続けました。そして百数十人ものお客様の声をヒアリングすることができたのです。

簡単なことのように見えますが、初対面の相手から「カレーうどん」のことをいきなり聞かれると、驚く方が大半です。面倒くさそうなリアクションをされるお客様もいらっしゃいます。ですが、彼の熱意に多くのお客様が応えてくださり、彼の努力の結果、いくつかのヒントを得ることができました。

そのひとつが「食べるとき、つゆが服に飛んで汚れてしまう」という悩みでした。彼はそれを聞き、「なぜつゆが飛んでしまうのだろう」と考えました。

マーケットを知れば知るほど、「売れる」未来が見えてくるのが「仮説力」です。

仮説とは、物事を考える際に「もっとも妥当だと考えられる仮の答え」のことを言います。この仮説を立てられるようになればなるほど、ヒット商品を生み出せるようになると思います。

カレーうどんの場合であれば、「麺が長くなるほど大きく揺れ、つゆが飛びやすくなってしまうのではないか」と仮説を立てたのです。そして、その仮説から、麺の長さによるつゆの飛び跳ね方を検証し、通常より半分ぐらいの麺の長さにしました。

また、商品開発の参考のために「カレーうどん」専門店に行ったとき、飛び跳ね防止用の紙エプロンを渡された経験から、「家で食べるときにもエプロンがあれば、カレーうどんのつゆが飛んで服が汚れてしまう悩みを解決できるのではないか」という考えに結びつき、「紙エプロン」をつけるアイデアが閃《ひらめ》いたのです。

そしてまた、お客様からいただいた声の中に「カレーのルウには大辛、中辛、甘口があるのに、カレーうどんの商品は辛さが1種類しかないのよね」「親の好みに合わせてカレーをつくると、子どもが食べられないので、どうしても甘口になってしまう」という悩みを見いだしました。確かに、同じ辛さの商品を親子で一緒に食べることはできません。そこで、「カレーうどん」の新商品

■「ヒットをつくる壁」は誰でも越えられる！

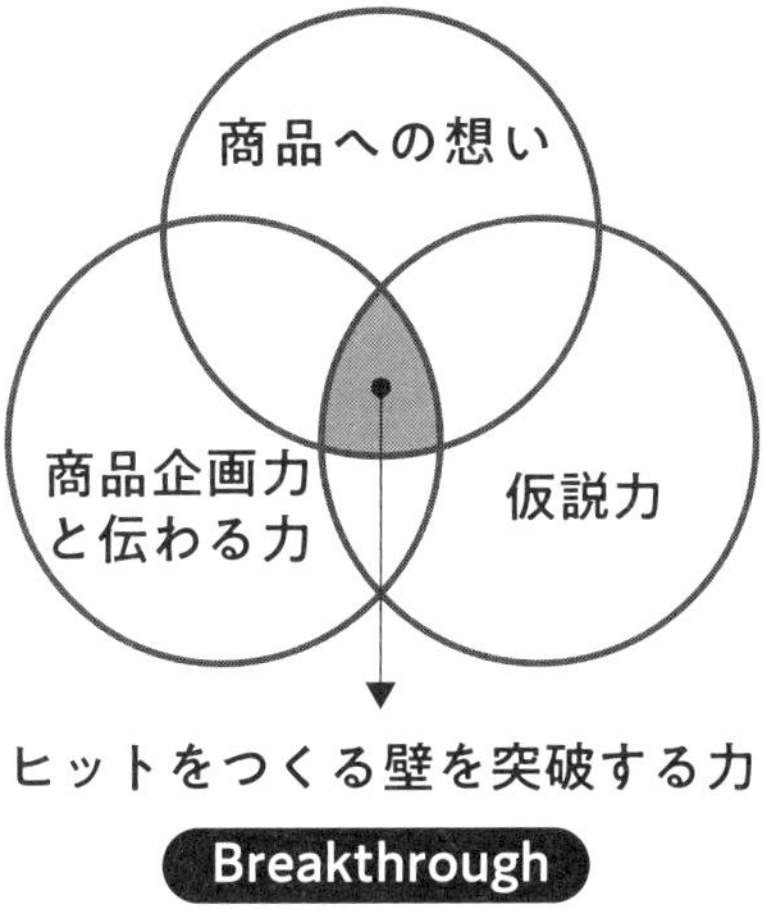

には辛さ調整用のチリパウダーをつけることにしました。パウダーを入れなければ甘口、半分入れると中辛、1袋全部入れると辛口になる。辛いのが好きな人でもお子さんと一緒に食べられるアイデアにしたのです。

彼が開発した「カレーうどん」は発売されるや、異例の大ヒット商品となったのです。

その背景には、お客様の表情を直接感じ取り、リアルな意見を聞くという努力がありました。業者に頼んでお客様アンケートを取ったりするのではありません。実はこのような姿勢こそ、多くのバイヤーに足りない部分なのかなと思っています。

大切なことは、「一次情報」であり、現地・現物・現実を知ること。これには、バイヤー本来の「お客様に喜んでもらえる商品をつくる」という強い「想い」があったからできたのだと思います。

「カレーうどん」というニッチなマーケットでも、「想い」を形にして、一点突破していくことができたのです。

この彼のエピソードはバイヤー1年目のことです。

ヒット商品を生み出すには長年の経験が必ずしも必要なわけではなく、本書で紹介する「仮説力」「商品企画力と伝わる力」「商品への想い」という軸があれば、経験がないバイヤーでも「ヒットをつくる壁」を乗り越えることができるんだと確信しました。

商品開発にかける「想い」が大切ですが、さらに、それと同じくらいに大切なことがあります。それは「高い位置から市場全体を俯瞰《ふかん》する幅の広い視点」と「具体的に伝えられる言語化力と仮説力」です。

みなさんは、鷹がどのように獲物を仕留めるかご存じでしょうか？　まずは、空高く舞い上がり、大地を見渡し、広大な森や草原のどのエリアに獲物が潜んでいるのかを探ります。そして、獲物を見つけると、標的の姿を逃さず上空から勢いよく舞い降り、獲物を仕留めるのです。もちろん、人間よりも視力は何倍もあるので、遠くからの見え方は違いますが、この狩りのやり方は、ビジネスにも共通するものがあります。

つまり、広大なマーケットの中から顧客がいそうなエリアを拾い上げ、そこからさらに見込み客を絞り込み、ターゲットに向けて全力を投じて勝負を懸けて顧客のハートを仕留めることです。

これはほかの業種でも同じです。自動車のセールスマンであれば「この車種は誰に売るのか?」、飲食店であれば「どこに出店しようか?」と考えるときの基本は、この「高い位置から市場全体を俯瞰する幅の広い視点」で捉えるということです。

このことをビジネス用語では「どんな商品やサービスが売れるだろうか」＝「マーケティング」と呼んでいるかと思います。

何をいまさら、そんなことは社会人になれば誰でも知っていますよ、との声が聞こえてきそうですが、正しく実践できていないビジネスパーソンを私たちはたくさん見てきました。

多くの人は鷹と違い、空高く舞い上がって大地を見渡すことをせず、注力すべきエリアを絞り込むという最初のステップを忘れてしまい、行き当たりばったりにお客を探しては玉砕しています。そのようなやり方では、いつまでたっても「獲物」＝「お客様の心」は仕留められません。

本書は、そんなみなさんに「一撃でお客様の心を仕留める」鷹になる方法をお伝えしようとするものでもあります。

実践的なマーケティングを学ぶ本書の切り口は「商品開発」と「ブランディング」になっています。本書は商品開発を行うマーチャンダイザーの近野潤、ブランディングを行うクリエイティブディレクターの長田敏希の2名による共著であり、これまで両名が携わった多くの商品開発やブランディングのプロジェクトを取り上げ、そこで行った取り組みや工夫を紹介しながら、それを通じて「想い」の力の大切さや、高空を舞う鷹の目から始まるマーケティングの考え方を学ぶ構成となっています。

私たちが問いたいのは、「これをみなさんの仕事に当てはめてみたら、どうなりますか?」ということです。

そうした読み替えができるようになれば、自らが狙いを定める顧客層を知り、そこに向けて差別化された商品をつくり、求められている情報を提供することで、それを必要としているお客様に訴求して、見事に目的と目標を達成できるでしょう。

私たちは本書が、マーケティングや商品開発、ブランディングに携わる人だけではなく、研究職から営業職に至るすべてのビジネスパーソンのお役に立つことを願っています。

うまいを上手く伝えて売れるを作る 驚きの商品開発術　目次

第1章 いつもあるものに成功のヒントがある
――売れる秘密① 基本は「品質（おいしさ）」の追求にある

第2章 お客様は何を見ているのか
——売れる秘密② お客様にとっての「値ごろ感」を醸成する

第3章

利益を生む仕組みづくりが大事
——売れる秘密③ 巻き込んで「儲かるか」を検討する

第4章 差別化はほんの小さな点でいい
――売れる秘密④ 少しの工夫で「ほかにない」が競争力になる

第5章

「想い」を伝えるブランドづくり

――売れる秘密⑤　想いの結晶「ブランドコンセプト」の届け方

第6章 「想い」が売れる商品をつくる

序章

鷹の目のマーケティングには仮説力が必要

商品開発に必要なのは「気づく力」

「気づく力」とは、「はじめに」でお話しした鷹の狩りでいえば、まだ実際には何も見えていない段階で、獲物がどこに潜んでいるかを察知する能力であり、認知する力と言ってもいいかもしれません。

一見すると関係ないように思うかもしれませんが、実は「気づきのアンテナを立てる力」が高くないと、大きくヒットする商品開発はできないものです。

商品の持っている「特徴」や「強み」を見つけたり、いろいろな障害になっている「壁」の存在に気づいたりするのにも、「気づく力」が必要になります。

「気づく力」の基本は、まず空を舞う鷹のように、広い視点で市場を眺めることです。

森・林・木の視点から数値ですべて話せるようになると、人に伝わりやすいと思っています。

商品を売るために、市場規模や伸び率、人口動態などのマーケットの変化の方向を考え、その中でお客様がどんなことに不満を持ち、不便を感じているのかを探ります。これは「森を見る視点」です。

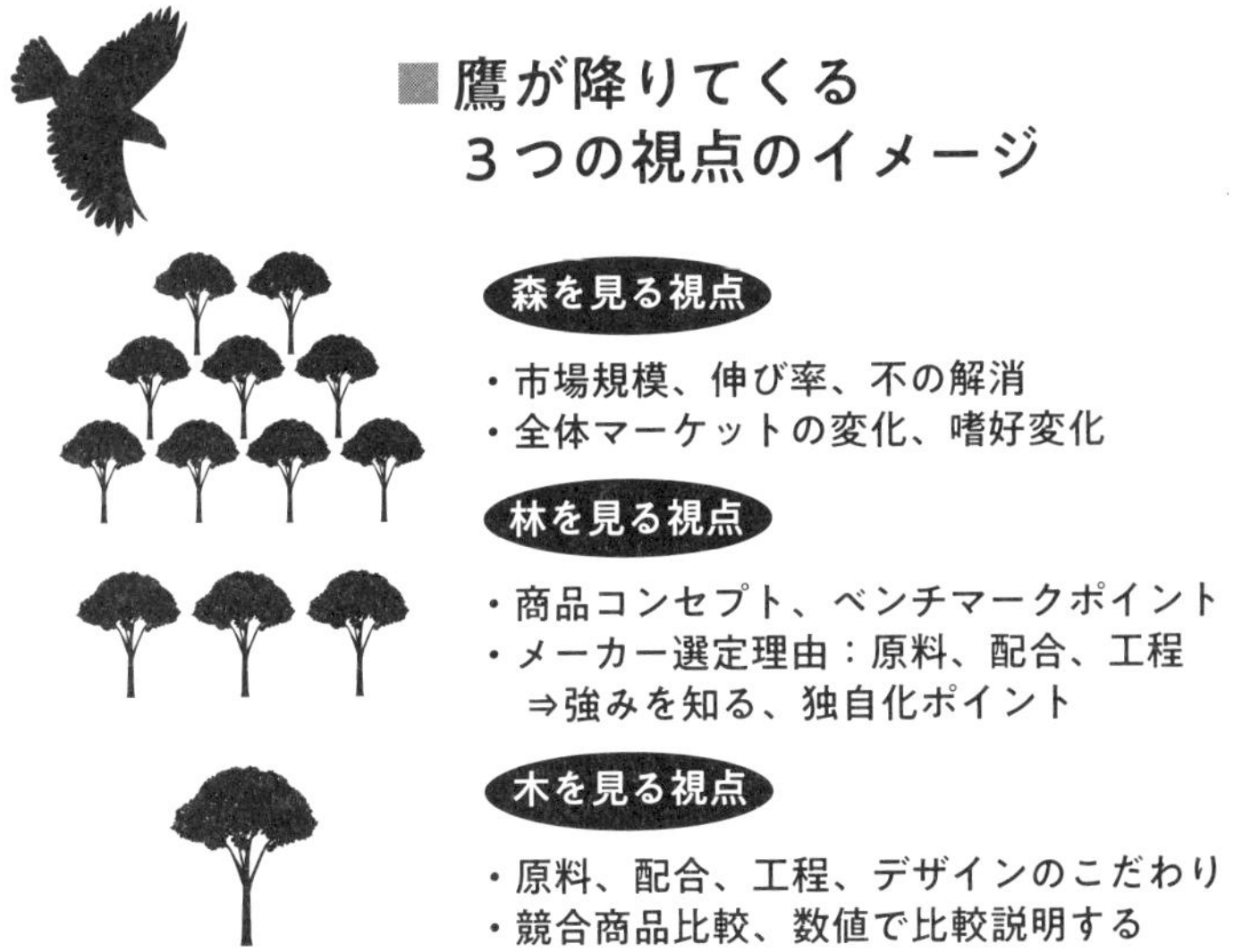
■鷹が降りてくる
3つの視点のイメージ
森を見る視点
・市場規模、伸び率、不の解消
・全体マーケットの変化、嗜好変化
林を見る視点
・商品コンセプト、ベンチマークポイント
・メーカー選定理由：原料、配合、工程
⇒強みを知る、独自化ポイント
木を見る視点
・原料、配合、工程、デザインのこだわり
・競合商品比較、数値で比較説明する

その部分をある程度感じられたら、商品のコンセプトを踏まえて、自分たちの強みや独自性を言語化し、ターゲットとすべきお客様のセグメントを明らかにします。この部分は「林を見る視点」になります。

コンセプトとは「その製品を使うことによって、お客様の生活がどう変わるのか？」という世界観を表現することだと私は思っています。

お客様のターゲットが定まったら、そこで初めて競合の存在を意識し、「原料・配合・工程」でほかと差別化し、デザインやキャッチコピーなどでその違いをお客様に訴求していくわけです（詳しくは、以降の章で解説します）。これが「木を見る視点」です。

鷹の狩りにおける視点の変化を「森↓林↓木」とするなら、「気づく力」がもっとも必要とされるのが、最初の「森→林」のステップです。

実は、この森の視点の気づき力で、商品が売れるか売れないかは8割方決まるのではないかと言っても過言ではないと思っています。

商品開発の現場を見ていると、多くの人がこのステップを飛ばして、「競合がこうだから」「差別化するにはこうしないと」という、「木」のレベルで議論しています。それでは本当にお客様が求めている商品をつくれません。


「気づく力」が大事なのは、商品開発だけではありません。営業でも、ほかの職種でもみな同じでしょう。これから起こること、人がまだ気づいていないことに、人より早く気がつく。そういう人が成功するのではないでしょうか。逆に、成功したいと思ったら、どんな職種であっても、人が目を向けていない盲点に気づくアンテナを立てることが必要になります。

では、どうやって気づきのアンテナを立てればいいのでしょうか？

私たちが開催する「商品開発塾」でも、まさにみなさんが同じ質問をされます。そう聞かれたときは、よく「小さくてもよいから投資をやったらいいですよ」と答えています。


たとえば、2020年から猛威を振るった新型コロナウイルスに関しても、投資を通じて、株価を見ていれば世の中の流れが見えてきます。

ご存じのとおり、このウイルスが本格的に流行し始めたのは2020年3月からです。このウイルスで打撃を受けた業種（とくに観光業界、輸送関連、飲食業界など）は軒並み株価が下がりました。一方で、小売業（とくにドラッグストアやスーパーマーケット、宅配関連など）では株価が上がった会社もあります。このウイルスが収束に向かい、5類感染症への移行が議論されてから株価が上がってきたインバウンド関連の株もあります。

東京証券取引所に上場している企業数は約3900社あり、上場している株式会社は企業全体の0・15％にも満たない存在です。上場企業は「選ばれた会社」といえます。実は、そこから学べる森の視点の情報はたくさんあるのです。

上場企業の株価の動向を見ていると、株価が上がった理由や下がった理由について、いろいろな仮説を立てられます。

大きな視点で捉えて、仮説が立てられるようになると、その仮説が本当に正しいかどうかが気になります。

コロナ禍の入口のときに、株価がかなり大きく下落した外食産業銘柄の中で、私（近野）が投資した銘柄は、「焼肉きんぐ」の物語コーポレーションさん、「丸亀製麺」のトリドールホールディングスさん、「かつや」のアークランドサービスホールディングスさん、「銀だこ」のホットランドさん、そして「スシロー」のあきんどスシローさんです。

なぜ、売りが売りを呼ぶ時期に、この銘柄に投資したのでしょうか？

それは、いち早くコロナ禍の対応をしていたのと、私から見ると、そこまでお客様が減っていないように思えたからです。

小売業や飲食業であれば、リアルな店舗に行って見てくることで仮説・検証ができます。自分の現在の仕事とは関係なく、日々の生活の中で仮説と検証を繰り返す。それをやり続けるには、投資の中でも株式投資をすることが一番の近道ではないかなと思うわけです。

私たちの場合、株式投資を20年以上やってきて、いつの間にか「仮説を立てる力」がついてきました。それは特別な能力があったからではありません。経済はすべての会社とつながっていますから、株を通じていろいろな会社のことを認知することができます。投資をすると、お金を儲ける儲けない以前に、とても大切な「気づき力」と「仮説力」がついてくるのです。

商品開発塾などのセミナーでは受講前にアンケートをとって、「あなたは投資をしていますか？」という質問をさせていただいています。結果は「していない」という人がほとんどです。ということは、おそらく経済全体のアンテナ力があまり高くないと想定して講座の本番に入っていくことになります。

顧問先で株式投資とアンテナ力の話をすると、いつもビビットな反応が返ってきます。それはきっと「アンテナ力・気づき力を磨きたかったら、株をやってみよう」と言っている人が、世の中にあまりいないからではないでしょうか。

実際に仮説を立ててみよう

株はいま、昔と違い1株100円台から買える銘柄もあります。つまり1万円で数十社の株を買うことができるのです（手数料などは除きます）。たとえ損をしても1万円だったら勉強代と思えばいいでしょう。実際には、倒産などしなければ、株価はゼロにはなりません。自分の興味のある会社の株を買って、自分のアンテナを立てて、仮説検証をしていけるようになると、見える世界は変化してきます。

そうやって勉強しているうちに、たとえば営業マンであれば、幅の広い視点を持てるようになって、お客様との会話の中でどんな質問が飛んできても回答できるようになっていきます。その結果、「この人は話が面白いな」と思われれば、営業成績にもプラスの影響が出てくるでしょう。

実際に車の販売成績がよい営業マンは、お客様の話題に対して、または家族の車の使い方などに対して、どんな質問でも対応できる人だと聞いています。

では、具体的に、仮説をどのように立てたのかをご紹介します。

新型コロナウイルス対策の特別措置法として2020年4月に緊急事態宣言が出され、学校も休みになり、百貨店や映画館など多くの人が集まる施設の使用制限がかかりました。その当時、どの業界が厳しくなったでしょうか？　百貨店、映画館、観光施設などは営業が厳しくなり、ＪＲや私鉄各社、ＪＡＬ、ＡＮＡといった旅客業も厳しくなるだろうと予測できます。あとは、旅館やホテルなどの宿泊業、オリエンタルランドや富士急ハイランドのような遊戯施設も厳しくなることは目に見えています。もうひとつ厳しいのは外食産業です。

先ほど申しました外食産業も信じられないくらいに株価が一気に下がりました。その当時、私は、スシローさんの経営状態を実際に見てみようと考え、ネットで予約状況を調べてみました。いまはアプリで予約を入れようとすると「何人待ち」という表示が出てくるので、それを見ると状況がわかります。

コロナ禍前まで、私の家の近くのスシローさんでは60人待ちくらいは普通でした。緊急事態宣言になってからチェックしてみると、待ち人数は確かに減っていましたが、それでも10人待ちくらいでした。

これは、思ったほど客足は落ちてないのではないかと仮説を立て、実際にスシローさんの店舗に行ってみると、緊急事態宣言でもお客様が並んでいるのです。私はそれを見て、業績はそこまで下がらないと判断しました。株価暴落は行きすぎで、平時になれば必ず株価は戻ってくると思いました。これは焼肉きんぐの物語コーポレーションさんも同様でした。

情報は自分の目、自分の足で確かめることが大切で、いかに現地・現物・現実で一次情報を取るかにかかってきます。

株を購入する際、情報源として新聞などを読むことが多いと思いますが、全体を俯瞰して捉えるにはとてもよいのですが、業界全体の動向は伝えても、各社の詳細な情報については意外に入りにくいようにも思います。記者も取材先企業の担当者から話を聞いて書いていることも多く、自分の足でリアルに店舗を訪ねているわけではないこともあるかと思います。それでは二次情報にしかならないので、自分の目で「本当かな」と考える視点が必要になります。

実際に店舗に行ってお客様の入り具合を見てみると、二次情報に比べて、そこまでひどい状況ではないといったことが肌感覚でわかってきます。

次に、ホテル業界では「ドーミーイン」を運営している共立メンテナンスさんなども、やはりコロナ禍で大きく株価を下げました。しかし、共立メンテナンスさんの場合は、ほかに学生寮や老人ホームの運営といった事業もやっています。そういう業態は新型コロナウイルスがあっても、不動産賃貸業と同様に、売上は下がりにくいですよね。また、コロナ感染者の隔離場所としてビジネスホテルが使われることもありましたから、最低限の利益が確保され、宿泊業に対して国からの協力金があれば、当面の経営はやっていけるだろうと仮説を立てることができます。

この共立メンテナンスの株は、2020年3月に安値をつけたあと上がり続け、2023年に入ってからは年初来高値を更新し3倍ぐらいになりました。

いまではなく、将来を予測して仮説を立てる

株価の場合、業績が回復しそうだといった話が聞こえてきてから、買い始めるのでは利益を上げることは難しいですよね。

たとえば「国が2022年6月から海外の人の入国を少しだけ認めるようになります」というニュースがありました。これまで1日あたり1万人までだった入国者数の上限を、これから2万人にして、さらに5万人に増やすというニュースが出てから、慌ててホテルや旅客業の株を買っても、もうそのときには株価が上がっています。その1年前あるいは2年前に上がることを予測して買わないと、利益を得ることはできません。

これは商品開発でもまったく同じ構造があるように考えています。

商品開発の場合も、いま流行《はや》っているものを開発しても、商品ができる頃にはもう流行が終わっています。流行り出す2年くらい前に、2年先のマーケットを考えて開発を始めないといけないのです。

たとえば、コロナ禍のときに「ヤクルト1000」が爆発的に売れました。しかし、ヤクルト1000が売れるようになってから類似の商品開発をしても、それでは遅くて、ブームに乗ることはできません。

その一方で、「なぜヤクルト1000がこれほど売れているのか」を分析し、仮説を立てて、それに基づいて新たな商品を開発することはできます。たとえば、「ヤクルト1000の安眠を促す効用が消費者に響いたこと、いまの日本に睡眠で困っている人がたくさんいることが売れた要因」という仮説を立てたとします。この場合の本質的な課題は「安眠」の欲求が高まったと捉えることができます。

そこで、さらに仮説を深掘りします。「これまで眠気を覚ます飲料はあったが、安眠を促すことを前面に打ち出した飲料は存在しなかった。だからヤクルト1000が大ヒットした」と仮説を立てます。

もしそれが正しかったら、「安眠を促す新しい商品を、まだ同じコンセプトの商品がない分野で開発すれば、ヒットを狙える」という仮説も立てられるわけです。

「プロ」の視点よりも現場の生の情報が重要

気づきのアンテナを立てるコツとしては、仕事と生活を分離しないことも大切です。

これは決して1日中休まずに働くということではありません。商品を買ってくださるお客様は生活者であって、プロではないという視点を持つことです。プロにはプロの常識がありません。しかし、プロの常識が、一般人であるお客様の常識と同じであるとはかぎりません。

フィリピンの高地栽培バナナを1本売りの形でコンビニの商品として開発したときの話です（この商品開発については第4章でお話しします）。

発売前に、コンビニやスーパーなどのグループ関係者が集まってバナナの試食会を開いたのですが、スーパーのバイヤーの人たちは果物のバイヤー歴が20年、30年というベテランばかりでした。

私はそのとき、バナナに関わるようになってからまだ3カ月です。ベテランの人たちからは「高地栽培がよいことは誰でも知っている」「いまさらそのコンセプトで売れるわけがない」と言われました。素人の私が現地で打ち合わせをして、仕入れを始めたので、あまり快く思っていなかったのかもしれません。

このコンビニでは毎年秋と春に、新商品を加盟店の人たちに紹介する商品展示会を開催しています。その展示会に新商品の「フィリピン産高地栽培バナナ」を出したとき、100人ほどの来場者に「高地栽培バナナを知っていますか？」というアンケートを取ったところ、高地栽培のバナナを知っていたのは31人でした。全体のうち3割くらいしか知らなかったのです。

スーパーのバイヤーの人たちは「そんなものは誰でも知っている」と言っていましたが、実際は7割の人は知らなかったわけです。商品開発をしていると、どうしても玄人の視点になりがちなので気をつけていきたいと思います。


商品開発では、お客様の立場を理解して開発をすることが大切になってきます。

それぞれの分野のプロであっても、持っている常識が世の中の常識とずれていたら、ヒットを出すのは難しいわけです。

では、生活者の感覚を得るために何をすればいいのでしょうか。それには「街を歩く」ことが一番です。ただし、歩くといっても、無目的にただ歩けばいいというわけではありません。仮説を持って歩くことが重要です。先ほどお勧めしたように投資をやるなどで、自分なりの仮説を持つことです。現状分析をした上で仮説を立て、実際に店舗なり産地なりに行くわけです。こうしたリアルな現状分析がないと、仮説も生まれてきません。現状分析には生情報のインプットが必要で、それがないと仮説は立てられません。また、仮説を立てても、アップデートされた生情報がなければ、その検証をすることができません。

ここで問題なのは、インプットするときの情報が一次情報でないといけないということです。二次情報を読んでわかっている気になっている人が多いのですが、それでは不十分だと思います。

リアルな経済を知るには、なるべく多くの現場に自分の足で行ってみて、自分の仮説が合っていると腹落ちすることが必要です。仮説を立てて、それが正しかったかどうかを検証する。それを繰り返しているうちに「直感力」が生まれてきます。

どんな業界もつながっている

生活者の感覚を得るためには、もうひとつ必要な視点があります。それは、どんな業界も分離して存在しているわけではないという視点です。

これについても投資を通じて、いろいろな世界を知ることができると思います。

JR東海さんもオリエンタルランドさんもトリドールさんも、どの会社も実はお客様はみんな同じです。それが理解できると、世界がすごく面白く見えるようになります。

スーパーでも、ほとんどのバイヤーは自分が扱っている商品の売場以外にはなかなか目がいきません。鮮魚のバイヤーは他社の売場の視察に行っても、鮮魚の売場しか見ませんし、青果のバイヤーは青果の売場しか基本的に見ません。お菓子のバイヤーはお菓子の売場しか見ていないのです。しかし、それはとてももったいないことで、視野を狭めているだけです。

お客様はひとつの店に行って、いろいろなものを買っていくのですから、その感覚を身につける必要があります。それには全部の売場をわかっていたほうがいいのです。そういう視点が気づきの力を生み出します。自分の小さな世界だけでなく、いろいろな階層でものを見られるように努力することが大切です。

お客様の声を聞いた商品がヒットするわけではない

お客様の「不」を解決することがビジネスにつながると私は思っています。私たちの商品開発を考えてみても、発想の根源はやはり「不満」や「不便」の解決、お客様の「不」の解消にあると感じます。

マーチャンダイザーになりたての頃には、そういう視点がまだありませんでしたが、ある程度経験を積んでからは、意識的に「お客様の不満・不便の解消」を考えながら商品開発を進めるようになっていきました。

「お客様の不満・不便の解消」というと、お客様アンケートをしようと思うかもしれません。ただ、それだけではダメなのです。アンケートは私たちもやりますし、絶対に必要なことでもあります。アンケートをやってはいけないと言うつもりはありません。問題なのは、アンケートだけに頼ることです。

アンケートの結果だけを見て、お客様のニーズを把握するような市場調査では、なかなか本質を捉えられないのではないかと思います。

それはなぜか？　自分で売場に立たず、お客様に直接質問もしていないからです。商品開発では、よくアンケートを取ります。しかし、アンケートの声のとおりに改善した商品で大きく売れたものはあまり聞いたことがありません。

大事なのは、お客様の声を聞いた商品がヒットするわけではないことを理解した上で、アンケートを読むことです。この視点が大切です。

よく知られているように、日本では２００８年にｉＰｈｏｎｅが発売され、それからスマートフォンが普及していきました。それまで日本の携帯電話で覇を競っていた大手メーカーが何をやっていたかというと、お客様の声を聞くことでした。

あるとき、携帯電話はグレーや黒ばかりだから、ピンクや淡い赤やシャンパンゴールドなど、若い人が持てる色をつくってほしいという声を聞いて、12種類もの色の携帯電話をつくったメーカーがありました。その結果、どうなったかというと、在庫の山になったのです。

なぜそんなことになってしまうのでしょうか。

それは、お客様が「潜在的に感じていること」と「意識的に顕在化したこと」の間には、階層のギャップがあるからだと思います。つまり、お客様自身も、顕在化した不満しか見えていないということです。

本当に大切なのは、頭で思っていることではなく、心の底で感じていることです。だから、アンケートで出てきた声に合わせて商品をつくっても、全然ヒットしないのです。

iPhoneがなぜ売れたのかを考えると、世の中の携帯電話ユーザーが「シンプルでボタンひとつだけで操作できる携帯電話があったらいい」となんとなく思っていたからです。意識せずとも、みんなが一斉にそう思ったから爆発的に売れたわけです。しかし、実際にiPhoneが出るまでは、誰もそういう携帯電話が欲しいと気づいていませんでした。

これを言語化すると、次のようになります。

- いま世の中で売れている商品は、そもそもお客様が自分で「欲しい」とわかっていなかったもの
- お客様の中ですでに顕在化しているニーズではなく、「潜在的に欲しいと思っているものは何か」を考えるのが商品開発である

商品開発では、お客様が気づいているものをつくるのではありません。まだ気づいていないものをつくり出すことが大切です。

表に出ない「不満」「不便」をどう見つけるか？

お客様の潜在的なニーズは、本書で紹介する駄菓子の「きなこ棒」でも同じでした。

駄菓子についてのお客様の不満は、ジャンクな商品であるという点でした。保存料くらいならまだしも、「赤色何号」や「青色何号」といった合成着色料が入っている駄菓子があります。お客様はそれを多分不満に思っているのですが、駄菓子はそういうものと思っているので、アンケートを取ってもその不満はなかなか出てきません。

私たちは、アンケート調査に表れなくても、「駄菓子＝ジャンク」という文化を変えていき

たいと考えて、きなこ棒の独自の商品開発を行っていきました。結果は大ヒットでした。メーカーも小売も、大手になるほどデータやアンケート結果を重視しています。データもアンケートもそれはそれで重要ですが、実際のヒットにつながるのはむしろ身近な「不便」「不満」への気づきなんだなと思います。

表には出てこない「不」の存在をどうやって気づけばいいのでしょうか。アンケートを取るのであれば、結果だけを見て終わりにしないことです。アンケート結果で現状分析をしたあと、自分で仮説を立てることが大事なのです。そして、その仮説のよって立つところはお客様の「不」の解消です。そこが商品開発の軸になってきます。現状では、多くのマーケティングで不十分な部分ではないかと私は感じています。

メーカーさんの開発担当者がお客様の「不」を見過ごしてしまうのは、マーケティング部門がそもそも「お客様の不満の解消」という考えでできておらず、お客様から遠い存在になっているからなのかもしれないなと思います。

お客様が商品に不満があれば、お客様相談室にクレームの声が集まっていきます。ところが、ほとんどのメーカーでは、お客様相談室とマーケティング部門は分離していて、情報交換ができていないのが実態のようです。お客様相談室というポジションは、実はマーケティング上とても重要な部署ですが、現実にはなかなか意見が共有されていないことも多いように感じています。

それでは、メーカーのマーケティングの方々は、どうやってお客様の「不便・不満」に気づけばいいのでしょうか？

私たちがメーカーさんのマーケティング担当の人たちによくお勧めしているのは、自分で売場に立って売ってみることです。

ある会社の依頼で、パンに塗る「アーモンドクリーム」という新商品を開発したことがありました。ひとつの箱の中にアーモンドが約40粒分入っている、アーモンドたっぷりの健康的な商品です。これを３９８円という少し高めの値段で売るという商品企画でした。

このときも、実際に売場に立って売ってみることを提案しましたが、最初はメーカーの役員の方にはなかなか理解してもらえませんでした。

お客様の声を聞きたいのであれば、マーケティング部でアンケートを実施するのではなく、自分でリアルな声を取っていかなければ意味がないことを何度も説明し、スーパーに売場をセッティングして、なんとか実施していただいたことがありました。

効果はてきめんです。役員の方からは「お客様が何で困っているのかがわかりました！」という感想をいただき、このアーモンドの商品は見事に成功したのです。

「想い」がなければ、本当の「生の声」は拾えない

実は、このメーカーさんは、先ほどのアーモンドクリームの商品の前に、「598円でナッツの商品をつくりたい」と私たちに相談に来られたことがありました。私たちはその値段ではたぶん難しいとお伝えしたのですが、先方は納得してくれませんでした。

それでは、実際に売場に立って、500円で売れるかどうかやってみたらどうかと提案し、実際に売場で実行しました。メーカーさんから3人の役員がいらしたのですが、商品の企画はともかく、役員自ら売場に立とうという姿勢は立派だと感じました。

このとき、私たちは売場では手伝わず、販売開始からしばらくして様子を尋ねてみたところ、役員さんたちは「けっこう厳しいですね」とおっしゃっていました。結局、1日テスト販売をやって十数個しか売れなかったのです。

これは商品として成功しなかったわけですが、そうやって自分の手で売ってみる経験がメーカーにとって何よりも必要なことだと思っています。お客様に自分から近づいていき、生の声を聞いていかないと、いつまでも売れる商品はつくれないと思うからです。

アンケートは文字だけの情報なので、自分が売場に立って得られる体感とは温度差があります。お客様の意見をアンケートで聞いても、本当の答えは出てきません。それはアンケートの回答には必ずバイアスがかかっているからです。

みなさんもアンケートに答えたことがあると思いますが、人間どうしても見栄《みえ》を張った回答をしてしまうことが多いわけです。

売場でお客様に話を聞くと、そこには「本音」が出てきます。同じお客様の声を聞くのでも決定的に違うのです。

調査会社にお金を払ってアンケートをする前に、一度、自分で売場に立ってお客様の生の声を聞くほうが何倍も効果的ではないかなと思います。

リアルに対面で聞くと、「砂糖が入っていないお菓子があればいいのにね」「添加物がないと、孫に安心してあげられる」といった家族のリアルな声が集まってきます。お客様の本音がたくさん聞けるのに、それをやらないのは本当にもったいないことです。

「はじめに」で紹介したカレーうどんの開発でもそうでしたが、お客様から直接、問題点を聞かされた実体験があることで、解決策を自分でつくれるようになります。そうすると、商品のコンセプトが明確になり、買ってほしいお客様にしっかりとピントが合うようになっていきます。それが生の声の力です。

第1章

いつもあるものに成功のヒントがある

——売れる秘密① 基本は「品質（おいしさ）」の追求にある

商品開発の基礎は「原料・配合・工程・デザイン」

まず売れる秘密を知るために、商品開発について具体的に見ていきましょう。

商品を仕入れる人を「バイヤー」、商品を開発する人を「マーチャンダイザー（MD）」と呼びます。小売業の多くでは、バイヤーがマーチャンダイザーを兼ねています。ここではまずバイヤーのミッションについて考えてみます。

バイヤーが商品を見るとき、「品質はいいか？」「売れるか？」「儲かるか？」「他社にないか？」という4つの切り口があります。食品の場合なら、「品質はいいか？」は「おいしいか？　安全か？」に、「売れるか？」は「値ごろ感があるか？」に言い換えてもいいでしょう。

この4つのポイントをクリアする商品を開発もしくは品揃えして、会社の売上と利益に貢献し、お客様の生活を変えることができるかどうかがバイヤーのミッションです。

ここで大きな問題があります。どんなによい商品を揃えたとしても、その価値をお客様に伝えることができなければ、商品は売れず、売上にも利益にも貢献できないことになります。

品質のよい商品を仕入れる、もしくはつくることを「商品企画・開発」とするなら、そのよさを伝えることは「伝達設計」と言えるでしょう。

商品を開発する場合、商品そのものの企画をしながら、それと同時に、そのよさをどう伝えていくかを考える必要があります。

「商品の企画・設計と伝達の設計は交互にチェックしなくてはならない。両者は車の両輪であり、本来、分かれては存在していない」

これが私たちの主張です。これは商品開発だけ、デザインだけでは対応できないことでもあります。商品設計と伝達設計の両方を常に考えて動いていかなければいけません。

いまの日本の商品開発では、商品設計はマーケティング部が担当し、伝達設計は販売促進部が担当するといった形になり、ひとつの会社の中でも部署が分かれていることが多く、一般的には商品を開発してから、ブランディングを考え、パッケージデザインを依頼し、広告宣伝を手配していくという順序になっています。もし商品開発の最初から両輪で動い

て新商品情報を共有できていたら、新商品が成功する確率は格段に上がるでしょう。

本書ではそのためのメソッドとして、冒頭に挙げた「おいしい」「値ごろ感」など4つの商品企画・設計のポイントを、それぞれ「原料・配合・工程」の3つの要素に分解することをお勧めしています。

一方、伝達設計については、4つのポイントそれぞれを「言語化」「可視化」の2つに分解して考えていきます。お客様の目に留まる商品の「容器やデザイン」などはこの伝達設計に入ります。たとえばアイスコーヒーの「おいしい」であれば、「味がいい」「香りがいい」ということが、きちんと言語化され、また視覚的に訴求されているかです。これは伝達設計の基礎ですが、商品設計の段階から常に意識していることが必要です。

商品を設計するとき、情報を伝達するとき、こうした因数分解を心がけることで、本書のノウハウをさまざまな業務に応用することができるようになるでしょう。

以下ではバイヤーの4つのミッションの第一「品質はいいか？＝おいしいか？」をつくる方法を考えてみましょう。

私たちが開いている「商品開発塾」に参加し、惣菜でヒット商品を出したバイヤーから、こう言われたことがあります。

「新商品というと、新しさや奇抜さに目が向いていましたが、王道のカテゴリーで基本商品の掛け合わせからヒットが出ることを学ばせてもらいました」

彼は「鶏とごぼうのささがきの甘辛揚げ」という惣菜を開発しました。揚げた鶏肉とささがきにしたゴボウが材料で、味はきんぴらごぼう風の甘辛味です。材料は定番で、そこに日本人なら誰でもおなじみの甘辛味を掛け合わせただけなので、それほど新しくはありません。「定番×定番」の掛け合わせにもかかわらず、普通の惣菜の8倍ぐらい売れたのです。

そのとき、彼に「その商品の原料・配合・工程を図式にしてみたらどうか」と提案しました。ヒット商品を図式化して自分で方程式をつくれるようになれば、何が売れた要素だったのかがわかります。そして、次に違う商品をつくって売れなかった場合でも、方程式のどこを間違えたから売れなかったのかがわかります。

具体的な項目をひとつひとつ当てはめながら因数分解していきました。

【原料】牛肉や豚肉がある中で、鶏肉とゴボウ

【配合】味噌味や醤油味、レモン味がある中で、甘辛味

【工程】煮る、焼くがある中で、揚げる

商品を「原料・配合・工程」に分解して、ヒットした要因やダメだった要因を考えてみます。これはいろいろなことに使えるフレームワークです。

今回、何が売れた要素だったのかを聞いてみると、「甘辛がよかったかもしれません」と言います。それが要因であるなら、甘辛い味付けでほかの人気食材と掛け合わせることで、ヒット商品が出やすくなるかもしれません。

いまは「レモン味が流行り始めたら、レモン味にしてみる」というように、味付けだけを変えた商品がすごく多くなっています。しかし、そうやって流行っているものを追いかけるだけでは、商品開発の力はつきません。あくまで自分の頭で「原料・配合・工程はどうなるだろう?」と考えて、基本に忠実につくっていくことが大切だなと思っています。

昔からある定番が一番売れる商品

まだ商品開発に関わるようになる前、コンビニで加盟店の経営サポートをするカウンセラーをしていたとき、いまの私たちの持論をつくることになる経験がありました。

カウンセラーは、本社から派遣されて、コンビニ加盟店のオーナーさんを販売面からサポートし、一人あたり7、8店舗を担当します。

担当変更で、富士山・山中湖方面に抜ける道の入口にある、観光・行楽地に立地する人気店を担当することになりました。

データを確認すると、週末の1日で800個くらいおにぎりを販売していたのですが、私としては、この来客数であれば、もっと売れるはずだと考えていました。

土曜日の朝7時に、現地・現物・現実のセオリーに沿って現状分析を実施し、そのお店が抱えている課題を見つけ出すことから始めました。数値上は、やはり1日800個程度しか売れていなくて、200個ほど廃棄ロスになっていたのです。

実際に店舗に行き、売れ残ったのには理由があることを突き詰めました。

おにぎりのコーナーを「お客様の立場」で確認すると、売筋のおにぎりがあまり置かれておらず、下位売上アイテムのおにぎりが何種類も並んでいたのです。

私は、オーナーさんにおにぎりが欠品していることをお伝えしましたが、オーナーさんは棚に残っているおにぎりを指して「こんなに残っているではないか」と言います。

確かに「おにぎり」はあります。しかし、そのおにぎりをよく見ると、鮭《さけ》がなく、昆布がなく、明太子がなく、とり五目も、ツナマヨネーズもありません。

ここでみなさんに伺いますが、コンビニでおにぎりを買うとき、何を買いますか？　コンビニのおにぎりの売筋を5つ挙げるとしたら何になるでしょうか。

正解は、鮭、ツナマヨ、明太子、とり五目、昆布などです。

つまり、このお店のおにぎりコーナーには、一番の売筋おにぎりが全然なかったのです。一方で、売筋でないおにぎりはたくさん売れ残っていて、それが廃棄ロスになっていました。もし下位アイテムのおにぎりの代わりに、ツナマヨや鮭、明太子、昆布などのおにぎりがあったら、もっと売れていたはずです。

オーナーさんには、思い切って売筋の5アイテムに集約し、それを200個ずつ合計で1000個仕入れてみるように提案しましたが、バラエティがなくなってお客さんが困ると言って、取り合ってくれません。

カウンセラーとして、ここであきらめては、お客様の満足度向上につながらないので、さらなる説得を試みました。このコンビニには、本部がチャレンジ予算のような費用を本部側で負担する日がありました。そのチャンスを捉えて再度お願いし、なんとか一度、こちらが提案するとおりに売筋5アイテムを200個ずつ仕入れてもらうことになりました。

実際には、定番商品200個ずつに加え、オーナーさんの意向でそれ以外のバラエティ商品も200個ほど入れたので、合計で1200個も仕入れたのです。その日が終わってみると、どうなったでしょうか。仕入れた1200個がほぼ全部売れていたのです。

それまでオーナーさんは20〜30アイテムぐらいをちょっとずつ仕入れていて、そのやり方だと全部で800個ほどしか売れませんでした。それが売筋アイテムを増やしたら、それだけで1200個も売れたのです。

お客さんには一人ひとり食べたいおにぎりがあって、それを買いたいと思って店に来てくださいます。そこでお目当てのおにぎりがなければ、あきらめてほかのおにぎりを買うのではなく、目当てのおにぎりを探しに別の店に行ってしまうのです。

こちらのお店のオーナーさんは、おにぎりという商品をひとくくりに考え、品目の違いが目に入っていませんでした。結果として、定番商品の数をきちんと揃えられずに、機会損失をしていたのです。もっとお客様の立場・目線に立った品揃えを考える必要がありました。

このときの経験は、私たちに「お客様の多くは王道な商品、定番の商品を求めている」ことを教えてくれました。

鮭、ツナマヨ、明太子、とり五目・昆布など、見てわかるとおり、どの食材も何も目新しくはない、おにぎりの定番です。だからこそ売れるのです。お客様は変化に慎重です。

カウンセラーとしてほかの観光地の店を担当したときも、まったく同じ問題が起きていましたし、おにぎりだけでなくサンドイッチなどでも、基本商品が欠けていて販売数が伸びないことがありました。ハムとたまごとミックスサンドあたりの基本商品が欠品していると、カウンセラーは機会損失をしていると思うわけです。

同じような問題はコンビニだけでなく、スーパーでもあります。スーパーは棚の面積こそ広いのですが、ラーメンひとつにしても、たくさんの種類の商品をみな同じ扱いで並べて売場をつくっています。

ラーメン売場担当のバイヤーさんに一番売れるラーメンを聞くと、売筋を教えてくれますが、その商品をメインにして売っているわけではありません。売場での扱いは、そのほかの商品とほとんど変わりません。そこで、売筋商品を1段全部に並べて置いてみると、売上が増えることがよくあります。

大切なのは、王道の商品、定番の商品の数をしっかり揃えること。この原則はスーパーでもコンビニでも関係ありません。多くの経験から、私たちはそう確信するようになりました。

定番が売れ続けるのには理由がある

なぜ定番商品は売れるのでしょうか?

それは定番商品の原材料や味付けは、どれも日本人が好きなものばかりだからです。私たちは「ヒット商品は、日本人が好きなものを掛け合わせるところから生まれる」と考えています。食品業界で直近の1年間に大きく売れたものを見ても、完全な新商品はほとんどありません。定番の商品を磨き込んだものか、基本的な素材同士を掛け合わせたものばかりです。

たとえば、アイスクリームの売上ランキングがそれを物語っています。100〜200円くらいのアイスクリームの人気商品を上から5つ挙げると、「エッセル スーパーカップ」（明治さん）、「チョコモナカジャンボ」（森永製菓さん）、「ジャイアントコーン」（江崎グリコさん）、「パルム」（森永乳業さん）、「ピノ」（森永乳業さん）になります。

このラインナップを眺めて気づくのは、どれもみな「バニラ味」か「バニラ味＋チョコレート」という共通の構成になっていることです。どうやら日本人はバニラ味とチョコチップのパリパリした食感が大好きなようです。ベーシックな「バニラ味」はもちろんですが、そこに「チョコ」が加わるのがポイントです。

森永製菓さんのチョコモナカジャンボも、シャトレーゼさんの大人気商品のチョコバッキーもそうですし、サーティワンアイスクリームさんでもチョップドチョコレートという砕いたチョコレートをちりばめたアイスが人気です。チョコが入っているアイスクリームは強いのです。

江崎グリコさんのジャイアントコーンも以前はチョコがあまり入っていなかったのですが、コーンの中にチョコを入れるようになってからさらに売れるようになりました。一番下にチョコの溜まりをつくっておいて、食べ終わるときにチョコのパリッとした食感を味わうことができるように工夫されています。

アイスクリームだけではなく、パンでも板チョコ入りのクロワッサンが売れていたりします。チョコを使った商品は常にお菓子の売上の上位を占めているのです。

そしてもうひとつ面白いことに、実はアイスクリームの売上ベスト10の商品は、もう何十年もほとんどメンツが変わっていません。明治さんのエッセルの発売は1984年で約40年前、森永製菓さんのチョコモナカジャンボ（発売当初はチョコモナカ）は1972年の発売でもう50年以上も続いています。

この間に各メーカーがたくさんの新商品を出しているのに、売筋はずっと変わっていません。40年前、50年前に発売された商品がいまも売上のトップを占めているということは、つまり「日本人が好きな味や素材は50年間ずっと変わっていない」ということなのかもしれません。これはあくまで仮説ですが、おそらく外してはいないと思います。

バニラも最近はいろいろな種類のものが出てきています。おそらく「基本の素材をブラッシュアップする」という方向性で、新しいバニラが出てきたのでしょう。ただ比較すると、やはり昔からの定番のほうが売れています。新しいバニラも確かにおいしいのですが、たまに食べるから新鮮な味に反応するのです。日常的に食べるアイスクリームについては、だんだん昔からあるバニラ味に回帰していく傾向があるようです。

大事なポイントは、定番のバニラアイスも決して昔と同じままで売れているわけではないということです。ロングセラー商品はどれも売れ続けている間に細かく改良してきています。一番人気の明治の「エッセル スーパーカップ」でいえば、もともとの「エッセル」が「スーパーカップ」になったのが1994年。そこからでももう30年近く続いているわけですが、その間に卵黄の比率を変えたり、時代に合わせて濃厚感を変えるといった形で、名前は変えずに中身を改良しています。

アイスにかぎらず定番商品は、時代に合わせて改良されているものです。カルピスもそうですし、日清食品のカップヌードルや味の素の冷凍餃子もそうです。味の素の冷凍餃子は「発売50周年を迎える王道の味」と謳《うた》っていますが、その間に何十回もブラッシュアップしています。

定番商品だけでなく、定期的に奇抜な商品を出している企業もあります。たとえば「ペヤングソースやきそば」のまるか食品さんでは、「にんにく味噌」や「蕎麦《そば》風わさび味」など変わり種の焼きそばを定期的に出していますが、それは「ペヤングソースやきそば」という王道商品があるからできることです。全体の8～9割は定番商品の売上でしょう。それだけ余裕があるから新商品を通じて新たな世界観を広げているのかもしれません。

これは赤城乳業さんの「ガリガリ君」も同じです。年間20種類も新しい味のガリガリ君を出していますが、「ソーダ味」という鉄板商品があるために、ほかの味で世界観を広げることができるわけです。

しっかりした柱のない食品ブランドがそんなことをやっていたら、迷走の末に消えてしまうでしょう。

結局、人の好みというものは、時代が変わってもそう大きくは変化しないものではないでしょうか。いつの時代も王道のカテゴリー、定番商品が強いのです。もうひとつ、人々の好きな素材や好きな味付けも、時代を超えてほぼ固定されています。

だから、定番の素材、定番の味付け、定番の調理法を「原料・配合・工程」の中で組み合わせることで、新たなヒット商品を生み出すことができるのではないかと考えています。

定番を突き詰めたら「和の素材菓子」があった

「新しいお菓子の独自商品を開発する」ことがテーマとなったとき、私たちが注目したのは、和の素材でした。とくに「黒糖、抹茶、きな粉を使って商品をつくろう」という狙いを持っていました。

どうして和の素材に注目したのかというと、ひとつは「和の素材を日本文化としてしっかり守っていきたい」という気持ちがあったからですが、もうひとつは、先にもお話ししたように「食の世界では定番が一番強い」という確信を持っていたからです。

どら焼きやカステラ、大福など、昔からあるお菓子がいまの時代にもずっと残っているのはなぜでしょうか。

その理由は、やはり「日本人の好みに合っているから」ということになるでしょう。みんなの好みに合っていたからこそ定番になり、時代を超えて生き残ってきたのです。とすれば、そうした日本人の好きな素材と味を組み合わせることで、新たな大ヒット商品を生み出せるのではないか、と考えたわけです。

そのとき、私たちがもうひとつ考えていたことがあります。

「日本の駄菓子文化がいま廃《すた》れようとしている。これをなんとかできないか」ということでした。駄菓子屋さんの数は昭和40年代がピークで、そこから急速に減っていき、いまではほとんど見られなくなっています。私たちもだいぶ前から、駄菓子屋さんがどんどん消えていることに気づいており、これは社会的な課題でもあると認識していました。

そこで、伝統の食材を使って、いまの時代に合った駄菓子をつくれば、駄菓子という日本の文化を継承できるのではないかと思ったのです。

このあたりは私たちの自分勝手な思い入れです。ただ、商品開発の動機としては、そういう独りよがりの「想い」でかまわないのです。あとで説明しますが、その「想い」が周囲を巻き込む原動力になるからです。

和の素材のお菓子で最初に開発したのは、くるみに抹茶や黒糖をまぶしたり、アーモンドにきな粉をまぶした「くるみ巡り」というお菓子でした。大手スーパーの独自商品で、これは私たち（近野と長田）が最初に組んで開発した商品です。

知り合って間もなくのことで、初めは「くるみ巡り」という名前もなく、「きな粉をアーモンドにまぶしたらどうかな?」「くるみに黒糖でも面白いと思う」といったアイデアを出し合っていました。そこからコンセプトを詰めていくことになります。

著者二人が最初に組んだ「くるみ巡り」シリーズ

素材で共通のものがあるのなら、単発でやるよりも、その素材をコアにしたシリーズにしたほうが展開しやすくなります。このときは、「くるみで全国のいいものを巡る」というコンセプトから、「〜巡り」のブランドネームをつけることで商品のわかりやすさを表現しました。

こうして私たち二人は、最初に出会ってから1週間で一緒に仕事を始めたのですが、そこには、マーチャンダイザーとクリエイティブディレクターが直接つながれば独自性のある商品ができるのではないかという共通の考えを以前から互いに持っていたことがありました。

最初の「くるみ巡り」のブランディングのコンセプトは、「沖縄、北海道、京都でそれぞれ生産されている和の材料を、各地域を巡りながら、くるみで横差しにしていく」というものでした。それを「〜巡り」というネーミングで言語化して表現し、さらにパッケージのデザインで可視化して見せていきました。

商品の中身については、黒糖や抹茶などの外にまぶす材料は、どれも和菓子の食材で定番だからいけるだろうと考えました。ただし、共通の素材として中に入れるナッツについては、アーモンドにするか、くるみにするか、カシューナッツにするかで迷いがありました。

結局、くるみになったのは、その当時、和の素材でくるみをくるんだ商品が市場になく、一番差別化できそうだったからです。いまは真似されてしまって、似たお菓子もたくさん出ていますが、このときはまだほとんどなかったのです。

アメリカのカリフォルニアにサクラメントというくるみの一大生産地があり、そこにくるみを見に行きました。あとで説明しますが、そうやって生産地に出向いて自分の目で生産者の方たちの「想い」を確かめるのも、私たちの商品開発のスタイルです。

この「くるみ巡り」も、出だしはなかなか好調でした。ただ、このときは、私たちがまだスーパーのバイヤーさんたちとそれほど深い信頼関係を築けていなかったので、なかなかあとが続かないという面がありました。いまならもっと売れたと思うので、もう一度、別の商品で企画したいとも思っています。

運命を変えた「きなこ棒」との出会い

私たちが初めて一緒に手掛けたのがこの「くるみ巡り」だとすれば、次に二人で一緒に組んだのが「きなこ棒」という駄菓子であり、お菓子です。

この「きなこ棒」との出会いは、振り返ってみても印象的なものでした。

「和の素材」という視点で世の中のお菓子を見渡してみると、たとえば山梨の銘菓「桔梗《ききょう》信玄餅」という商品があります。

これは、餅米でつくったお餅にきな粉をまぶしたもので、黒蜜をかけて食べます。きな粉と黒蜜とお餅という日本の伝統的な素材が掛け合わされているお菓子で、山梨県の桔梗屋さんという菓子メーカーから1968年に発売されて大ヒットし、いまでも1日10万個も売れているそうです。

信玄餅と同じ系列の駄菓子はないだろうかと考えながら、駄菓子屋さんやネット上を巡って和の素材を使ったお菓子を探していたとき、駄菓子屋さんの店先に置かれていたお菓子が目に飛び込んできました。

それが「きなこ棒」でした。最初に目にしたのは、確か3本入りのパックです。見た瞬間に「これだ!」と直感しました。次はこれがくると確信したのです。

なぜそう感じたのかといえば、信玄餅と同じように、きなこ棒というお菓子そのものが日本人の好きな組み合わせになっていたからです。

きなこ棒は黒糖ときな粉でつくられたお菓子で、信玄餅とまったく同じ和の素材の組み合わせだったのです。

包装を見ると、鈴ノ屋さんというメーカーの名前と連絡先のメールアドレスが書かれていました。そこで、すぐにメールを送って連絡を取ったのです。鈴ノ屋の社長は小林瑞樹さんとおっしゃいました。それが物語の始まりでした（２０１９年のことです）。

「現地・現物・現実」の一次情報が大事

小林さんは以前、あるヨーグルトメーカーの営業をしていて、そのときに大手スーパーとヨーグルトの独自商品を開発したことがあったのですが、そのスーパーというのが、私たちが駄菓子の商品開発をしようとしていた会社だったのです。駄菓子業界ではこの数十年、新規のメーカーがほとんど設立されない中で、きなこ棒専業の駄菓子メーカーとして「鈴ノ屋」を創業されたのです。

私たちと一緒にスーパー向けのきなこ棒の商品開発をしていただけないかとお願いすると、前向きな言葉が返ってきました。

私たちは鈴ノ屋さんの「きなこ棒」を独自商品として、さらに磨き込んでいくこととし、同時に「きなこ棒の鈴ノ屋」としてのブランディングに取り組みました。独自商品の開発を近野が、ブランディングを長田が担当し、チームとして協力しながら「商品設計」と「伝達設計」を同時並行的に進めていったのです。

それが可能になったのは、鈴ノ屋さんが会社として目指そうとしていた方向性と、私たちが開発しようとしていた独自商品のベクトルが見事に一致していたからです。

たとえば、きなこ棒はそれまでも添加物がほとんど使われていなかったのですが、独自商品では思い切って完全無添加(注)の駄菓子とし、原料はすべて国産のものを使うことにしました。そうしたコンセプトを打ち出したのは私たちですが、実は鈴ノ屋さんも以前からそうしたいと望んでいた方向でもあったのです。

もともと鈴ノ屋の小林社長自身が、駄菓子メーカーとは思えないくらい原料に強いこだわりを持っていたので、私たちもそれに寄り添い、とことんその方向性で深掘りしていきました。

(注) 本書ではブランドコンセプトとして「無添加」を取り上げていますが、実際のパッケージデザインでは「食品無添加物の不使用表示に関するガイドライン」に沿った表記が必要になります。

きなこ棒はシンプルなお菓子で、基本の原料はきな粉と黒糖からつくる黒蜜の2種類。あとは塩と白砂糖だけなのです。シンプルなだけに、その素材の追求がポイントになります。添加物はそれまでトレハロースだけが使われていました。これは仕上がりを柔らかくするためです。きな粉は北海道産、黒糖はタイから輸入した東南アジア産のものを使っていました。塩はごく普通の塩で、甘みを加えるのに輸入品の白砂糖と中国産のはちみつを少量使っているということでした。これらの材料は、問屋さんが提案したものの中から選んでいたそうです。

独自商品のきなこ棒では、その添加物をやめて、材料をすべて国産のものに変えていきます。小林社長に原材料の産地を見たことがあるか尋ねたところ、まだないというので、一緒に北海道や沖縄に行ってきました。これには、産地を見て生産者と「想い」を共有するという狙いがあります。

北海道で見たのは、きな粉の生産工場です。

きな粉についてはそれまでも国産だったのですが、さらに材料を「とよまさり」という品種に限定することにしました。この「とよまさり」は、きな粉用の大豆としてはバランスがいい定番品種で、とくに高級というわけではなく、量もしっかり確保できます。ただ品種をひとつに絞ることで、それを「こだわり」として打ち出すことができます。これは伝達設計を考えながら商品設計を行うという部分でした。

きな粉ではもうひとつ、焙煎《ばいせん》の仕方にもこだわりました。コーヒーをつくるのにコーヒー豆を焙煎するように、きな粉をつくるときには大豆を焙煎するのです。その焙煎の加減で、きな粉の香りやほろ苦さが決まってきます。きなこ棒が一番香ばしくておいしくなるようにするには、どういう焙煎のやり方がいいのかという視点で、焙煎の仕方を見直してもらいました。

黒糖についてはタイ産から国内産・沖縄県産に代えることにし、黒糖の産地である沖縄まで一緒に行って選びました。現地では自分たちでサトウキビを刈るところから始めて、黒糖のつくり方を学びました。沖縄には黒糖をつくっている島が7つあるのですが、その中できなこ棒に一番合う黒糖はどれなのか食べ比べて、最終的に西表島の黒糖になりました。

塩についてもいくつか試した末に、ミネラルが入っていてコクが出る、香川県産の塩にすることになりました。

それまでは甘みを出すのに、輸入品の白砂糖とはちみつを使っていたのですが、白砂糖はやめて、はちみつを中国産から北海道産のはちみつに切り替えました。このはちみつは、私が山奥の養蜂場まで訪問して分けていただいたものです。このときも養蜂している現場を見に、小林社長と一緒に山の中に入ったのですが、山道に入り込んだところで蜂に見つかってしまい、頭が蜂の群れに覆われて大変なことになりました。

バイヤーの中には、自分では一度も生産地に行かず、オフィスでメーカーから商品開発の提案を受けて、それをジャッジするだけという人が少なくないようです。

そうした姿勢は、商品開発者としてとてももったいないことだと思います。私たちは「現地・現物・現実」が大切だと考え、できるだけ生産地を見に行くようにしています。それは、自分の足で集めた情報こそ真の一次情報であるという考えがあるからです。そして、体験や「想い」を共有することで、チームとしてベクトルを合わせていくことを重視しているからです。

「バランス」がなければリピーターはつかめない

以上が「原料・配合・工程」のうち、主に「原料」の部分の取り組みになります。

「原料」を変えたことで、「配合」と「工程」の見直しが必要になりました。素材を厳選したことで、味も変わってきたからです。

単純に、原料がよくなったので味もよくなればいいのですが、実際には素材が変わったことによって、味のバランスも変わってしまったのです。きな粉もよくなり、はちみつもよくなり、黒糖もよくなったために、今度はコクが出すぎてしまったのでした。

お菓子では、味が強すぎず、連続して食べたくなるという「連食性」が大事になります。これは鈴ノ屋さんから聞いた話ですが、きなこ棒でいえば、最初はきな粉が少し苦く、口の中で黒糖が溶け出すと甘さが出てきて、その甘さと苦味がうまくバランスを取ることで連食したい気持ちになるそうです。

一度買って食べたところ、甘すぎて飽きてしまったら、リピートすることはありません。そうなったら、大きな売上にはつながりません。「また買いたい」というリピートのお客さんになってもらうことを考えながら、最初のインパクトをしっかり持たせないといけないのです。そのバランスをどう取るかが非常に難しいポイントになります。

出すぎたコクについては、最後に0・1%ほど香川県の塩を加えて引き締められないか、試行錯誤を繰り返しました。

添加物をなくした影響も大きくて、それによって硬さが変わってしまうという問題も出てきました。鈴ノ屋さんはそのために一から配合を見直して、添加物なしでも以前と同じ柔らかさになるように工夫したのです。これらについては私たちがいないところで、鈴ノ屋さんが何回も何回も調整を繰り返して、元と同じ硬さを再現してくれました。

そういう意味では、単純に添加剤をなくせばいい、よい素材に変えればいいというわけではないのです。

黒糖にしても、きな粉の原料になる大豆にしても、日によって油分や水分の率が違います。

添加物を加えない場合は、配合の比率を0・1％くらいの細かさで変えて調整しないといけないそうです。添加物なしは鈴ノ屋さんとしても初めての挑戦でしたから、まさに手探りでおいしさを追求していったのです。

私たちも生産の現場に立ち会いました。小林社長自ら毎朝3時半に起きて、きなこ棒をつくる姿を間近で見させていただきました。同じことは私たちにはとてもできないと感じたものです。

そもそも「安心」という点では、「添加物なし」は諸刃《もろは》の剣《つるぎ》です。添加物には殺菌作用や鮮度を保つ機能もあり、それを一切使わないとなれば、鮮度が保てる期間は短くなり、菌数も多くなるので、メーカーとしては本来ならやりたくないことなのです。

けれども、鈴ノ屋さんはそういう懸念を押して決断してくれました。それは、私たちが独自商品で目指した方向性が、鈴ノ屋さん自身がそうありたいと思っていた方向と同じだったからでした。そういう意味では、私たちとぴったりベクトルが合っていたと思います。

1袋100円の駄菓子にそこまで徹底してこだわったことに、鈴ノ屋さんの強い「想い」を感じることができました。

この話はまたあとで紹介する予定ですが、小林社長は独自商品を開発するにあたって、私たちの誘いで5回にわたり店頭試食販売の現場に立ち会ってくださいました。当日の朝3時に起きて、自らつくったきなこ棒を1本1本爪楊枝《つまようじ》に刺して、お客様に試食していただく経験をしています。

5回の累計で3000袋ほどのきなこ棒を売っており、その3倍くらいの数のきなこ棒を試食で配ったはずなので、およそ1万人のお客様に自分の手できなこ棒を渡し、お客様の生の声を聞いたのです。

試食の場で売り手がどんな苦労をして販売しているのかを知り、お客様が求めているものは何か、喜んでくれることは何かを肌で感じることができたわけです。その経験はとても大きかったのではないでしょうか。そうした経験があったからこそ、素材を厳選し、添加物をなくすという提案も受け入れられたのだと思います。

お店で売る人たちがどういうふうに感じているか、そしてお客様が何を望んでいるかを体感する。ここは商品開発の中でも非常に重要なポイントになります。

定番品をさらに売り伸ばすには

常に変わらずに売れ続けている商品を、コンビニでは「基本商品」と呼んでいます。一般的な言葉にすれば、定番商品です。

これまでもお話ししてきたように、私たちはそうした定番商品こそ販売の王道であり、その定番商品の「原料・配合・工程」を見直しておいしさを追求することが、商品開発の王道であると考えています。

つまり、既存商品で、リピート率が高い商品を見直すことで、さらなる販売増加につながる可能性は高まると思っています。

最近、食品の業績が伸びていて、業界で注目されているコンビニがあります。その理由は、外食業界で実績を上げた外部のマーケッターがこのコンビニに招かれ、マーケティング部門に就任し、定番商品の見直しを始めたからです。すでに多くの定番商品がリニューアルされており、たとえばこのコンビニのクリームパンは過去最高の売上を記録し、同じシリーズのメロンパンやカレーパンも売れています。クリームパンもカレーパンも、昔からある定番商品です。最近では、昔ながらの「コッペパン」という商品に横断的に取り組むことによって成果を上げられています。

これまで、このコンビニは業界最大手に追いつこうと懸命な印象がありました。ところが、最近はよそを見るのではなく、自分の足元を見て、基本商品の磨き込みを徹底しています。たとえば、冷やし中華のリニューアルでも、麺のするっと、もちもち感にとことんこだわって、宣伝でもそれを前面に打ち出しています。これこそが王道です。

最近、コンビニでこれまでに見たことがない新商品で大きく当たったものがあるでしょうか。コンビニ業界の過去10年間で最大のヒットといえば、2013年に登場した、お客様が自分でいれるコーヒーでしょう。もちろんコーヒーも、別に新しい商品ではありません。

これを最初に開発したコンビニは、それまでコーヒーで何回も失敗しています。最初はファミリーレストランと同じように、サイフォンでつくり置きしていたのですが、時間がたつにつれてだんだん水分や香りが蒸発し、お客様が飲むときには苦いだけのコーヒーになってしまい、おいしくありませんでした。

カートリッジ方式に変えたり、圧力抽出式（エスプレッソ）のバリスターズカフェを導入したり、いろいろなことをやったのですが、うまくいきませんでした。そもそも店員さんはそれでなくても忙しいので、コーヒーをつくっている暇はありません。そこで、お客様に自分でボタンを押してもらうコーヒーマシンを開発・導入し、同時にコーヒーという基本商品の「原料・配合・工程」を真剣に見直して、本当においしいコーヒーを１００円というとても値ごろ感のある価格で売り出しました。それが大ヒットになったのです。

「原料・配合・工程」をどう磨き上げるか

実は、コーヒーについていえば、私たちにもこだわりの商品をつくった実績があります。それは、スーパーでは定番の紙パック入りアイスコーヒーの独自商品で、王道にこだわり、「原料・配合・工程」の基本を磨き込んだ自信作です。

パックで手軽に買えるアイスコーヒーは、コクというより雑味や苦みが強かったり、香りが弱いものが多くて、私たちもお客様もそれが不満でした。家でも華やかな香りでスッキリとおいしい、喫茶店で飲むようなアイスコーヒーができないかと考え、開発に乗り出したのです。

実際に商品開発を始めてみると、「豆のブレンド、焙煎、抽出など、すべての工程で数え切れないくらいの試行錯誤を繰り返しました。本音を言うと、想像以上に難しかったです。

最初にやったのはアイスコーヒーの飲み比べです。各社の数十種類のアイスコーヒーの味の違いを徹底的に研究しました。そのときの体験から、パック詰めのアイスコーヒーで、コーヒー豆の農園を指定したものや、完熟豆を使ったコーヒーはほとんど存在しないことがわかりました。

そこで思い切って、産地指定コーヒーのひとつであったブラジルのダ・ラゴア農園のアラビカ種100%の完熟豆をベースにすることにしました。この豆はうまみが濃く、カラメルのようなほのかな甘みがあって、個性の強いコーヒー豆とブレンドしても全体が上品な味わいにまとまるという特徴があります。

ここまでが「原料」です。

ベースとなる豆が決まったところで、次はブレンドです。数ある候補の中から選び抜いて決めたのは、ベリーやピーチを思わせる華やかな香りのエチオピアのシダモ地域限定の完熟豆と、黒糖やメープルシロップのようなコクを感じさせるコロンビアのウイラ州ブリサス農園限定の完熟豆です。ブラジル産、エチオピア産、コロンビア産の3種類の完熟豆を混ぜ合わせることで、コクや深みがありながらも、すっきりとしたブレンドになりました。

ここが「配合」です。

焙煎にもこだわりました。すべての豆を混ぜて一気に焙煎すれば早いのですが、それではそれぞれの豆の個性を十分に引き出すことができません。手間はかかりますが、豆の産地ごとに焙煎を分け、それぞれの豆ごとに時間を細かく調整しながら、熱風式焙煎機でじっくりと煎《い》っていくようにしました。

抽出方法は布フィルターを使ったネルドリップ式です。豆の雑味を取り除き、まろやかでコクのある味わいを生み出すために、お湯の温度、蒸らし時間、抽出時間を細かく設定しています。じっくり時間をかけていれているので、抽出するのに30分以上もかかり、手間のかけ方はハンドドリップと変わりません。

以上が「工程」になります。

3段階すべてにこだわった工場では、丁寧にいれられたコーヒーのいい香りが漂っていて、そこにいるだけで幸せな気持ちになれます。

こうして生まれたアイスコーヒーは、口に含んだ瞬間に豊かな香りが広がり、深いコクがありながらも雑味はなく、後味のすっきりした、贅沢《ぜいたく》感のある製品に仕上がりました。こちらも長年、大変ご好評をいただいています。

結局、このように、一番売れている商品はほとんどが定番商品なのだと思います。みんなが好きなものが売れ続けるから、定番商品がいつも売れているのです。その「原料・配合・工程」をどう磨き上げるかで、結果に大きな差が出てくることになります。

「おいしい」をどう伝えるか

商品自体をどうするか（商品設計）と同時に、それをどう伝えていくか（伝達設計）が、マーケティング上とても重要です。

こだわりの言語化と可視化の例として、私たちがブランディングの立ち上げを支援した江崎グリコの「SUNAO（スナオ）」をご紹介します（次ページの図参照）。

ブランドを構成する要素はいくつかありますが、その中でもコミュニケーションの要素として大事なのが「言葉」と「見た目」です。つまり「言語化」と「可視化」です。

まず「SUNAO」というネーミングは、シリーズ名を印象深く伝え、シリーズに持たせたい世界観や方向性を端的に表すための言葉です。

次にキャッチコピーで、お客様が「なんだろう?」と気になるような目を引く言葉を考えます。ここでは「カラダを愛するアイス」となっています。カラダにやさしい素材のアイスであることをキャッチーに伝えます。

パッケージや広告の詳細部分に印刷されるコピーには、スペック、価格、何味か、どんな性能かといった言葉が入りますが、そこに商品のこだわりを伝える言葉が加わっています。

＜可視化＞

ロゴ SUNAO

カラー

書体 からだに素材のよろこびを

パッケージ

イラスト/写真

＜言語化＞

① ネーミング
商品名を印象強く伝えるための言葉。新開発品は理解しやすく。
定番商品は覚えやすく。

② キャッチコピー
お客様の目を"キャッチ"して興味を持たせるための言葉。

③ ボディコピー
商品のこだわりなどの詳細を伝える。または企業の想いを伝える言葉。

④ スペック・商品情報
価格、何味か。性能などを示す言葉。

⑤ タグライン
商品の提供価値や想いを端的に伝える言葉。

※現在パッケージは変更しています。

タグラインはロゴについている副タイトルのようなメッセージのことで、ここでは「からだに素材のよろこびを」という言葉を使い、お客様にお約束するメリットやシリーズとして大切にしている価値観を伝えます。

一方の見た目、可視化の部分は、パッケージのデザインや写真のイメージになります。書体も商品のイメージに合わせて考えます。たとえばゴシックか明朝かでもお客様に伝えられる印象が変ってきます。

そのほかに、言葉にも見た目にも入らないものとして、パッケージ包装の触感などもブランドを表現する大切な要素のひとつになります。

私たちが大手スーパーで開発した商品に、「純粋はちみつカステラ」というシリーズがあります。一般的なカステラのほかに、いろいろなフレーバーの派生商品の開発にも関わりました。

このカステラの例でいえば、卵でコクを加えたり、ザラメ糖で質感を高めたり、カットの工夫で食べやすさを向上させるのが商品設計です。それを言語化、可視化してパッケージやホームページ、POPなどに表記し、売り手やお客様においしさを伝えていくのが伝達設計です。

優れたマーチャンダイザーは、こだわりを実現していくための方法を考えると同時に、そのこだわりの伝え方も考えています。頭の中で両方を行ったり来たりしながら、商品の改良だけでなく、商品のよさやそれを引き出すための努力をどうお客様に伝えるかを常に工夫しているのです。

カステラのふわっとした食感を伝えたいのであれば、言葉でそれを語るのと同時に、パッケージや商品紹介の写真に「ふわっと感」を出すような形やデザインを組み合わせて、視覚的においしさの中身を説明していきます。

食品の場合の伝達設計とは、いわば脳内試食をしてもらうことと言えます。焼き上がりの写真やイラストを使って、本来は食べないと伝わらないはずの中身の価値を届けるのです。

こうした商品設計と伝達設計の2つを行ったり来たりしながら進めていくプロセスが、ヒット商品を生み出す上では重要になってきます。出来上がる商品をどう伝えていくかを考えながら、商品を開発していくのです。

ロゴマークで差別化を図る

先にもお話しした「きなこ棒」では、初対面で名刺交換したあと、小林社長のほうから「いまの鈴ノ屋ときなこ棒に対してどう思いますか?」という内容の連絡をいただき、現状の課題について率直な意見をお伝えしました。

それまでの鈴ノ屋さんのきなこ棒のパッケージは写真のようなデザインでしたが、私たちの目から見ると、いろいろ問題を抱えていました。

たとえば100円均一ショップの売場では、他社がつくったきなこ棒を販売しているのですが、その商品には鈴ノ屋さんのパッケージとよく似たものが使われていました。「きなこ棒」という名前自体も、商標登録を検討しないで製造販売を始めたことから、誰でも使える一般名になっていました。

きなこ棒の旧パッケージ

このままでは商品を見ても、どの会社がつくったものかがわかりづらいので、会社の顔にもなるロゴマークを再構築して、買う人が鈴ノ屋のきなこ棒だと認知できるようなパッケージにすることを起点にしたほうがいいとお話をしました。

また、鈴ノ屋さんは当時から原材料や衛生管理にかなりのこだわりを持って製造されていましたが、そういったこだわりの部分についてもパッケージにはまったく記載がありませんでした。お客様に価値を伝えるべきポイントをパッケージでも表現していくという話もしたと思います。

私たちの話を聞いた小林社長は何か感じるものがあった様子で、すぐに詳細についてミーティングをすることになりました。

私たちが南千住の工場にお邪魔すると、奥様も同席されて、工場の中を案内していただきながらお話を伺いました。そして、独自商品を開発するのと並行して、長田が代表を務めるビスポークが鈴ノ屋さんのブランディングを担当することが決まりました。

「おいしさ」を伝えるためのパッケージとブランドづくり

きなこ棒のケースでは、鈴ノ屋さん自体のブランディングのほかに、独自商品のパッケージデザインもビスポークが担当しました。商品のつくり込みと並行して、密に情報を交換しながら進めたこともあって、包装のイメージと中の商品がマッチしているという評価をいただきました。

商品開発チームとブランディングチームが互いに途中経過を報告し、鈴ノ屋さんも含めてコンセプトをすり合わせていき、独自商品ならではのこだわりについても話し合って、それをインプットしながらデザインをまとめました。

メーカー、問屋、小売、ブランドデザイン会社の四者の中で共通の想いとストーリーがあったからこそ、伝達設計がうまくいったのだと思います。

きなこ棒のパッケージについては、商品を扱うスーパーの売上に貢献するという狙いはもちろんありましたが、せっかく大手スーパーの売場に置かれて多くの人から注目される状況があったので、この機会に鈴ノ屋の名前を広く知ってもらうという狙いも裏テーマとしてありました。

きなこ棒のブランディングでは、ヒアリングやワークショップ作業の中で伺ったつくり手としての想いやルーツについてのお話をしっかり聞いた上で、それをさまざまな角度から分析して、最終的に「カラダにやさしい無添加の駄菓子」というコンセプトにたどりつきました。

これが「可視化」の作業になります。

小林社長はもともとヨーグルトメーカーにいたこともあって、衛生面で危惧したくなるような工場が多数ある中で、衛生面や品質へのこだわりが非常に強い方でした。そういう姿勢を言語化し、整理して、そこから生まれてきた言葉をもとにキャッチコピーを考え、デザインを固めていったのです。

こちらは「視覚化」の作業です。

■代表的なブランド要素

1 ブランド名	6 タグライン
2 ロゴマーク、ロゴタイプ	7 ジングル、音楽
3 色	8 ドメイン(URL)
4 キャラクター	9 匂い
5 パッケージ、空間デザイン	

※参考：一般財団法人ブランド・マネージャー認定協会『ベーシックコーステキスト』「ブランド要素」

つくり手の「想い」という根源的な部分を整理しなくても、表面的なデザインはつくれますが、それは形だけのものにすぎません。「想い」をしっかり受け取ってそれを言語化し、可視化していくことで、つくり手も売り手も確信を持って自らのブランドとして発信していけるようになってきます。

ブランドを想起させるための主要ルートのひとつが「ブランド要素」で、パッケージも要素の一部になります。鈴ノ屋さんの場合、きなこ棒のパッケージがお客様との一番の接点になるので、ブランディングにおいてもパッケージデザインが重要でした。

社長の奥様のおじいさまが創業したときの紙芝居の話や、きなこ棒にかける鈴ノ屋さんの想いといったものをパッケージで表現していく。無添加、無着色、国産素材といった商品の強みと、それを実現するまでの

■ブランドを想起させる「ブランド体験」

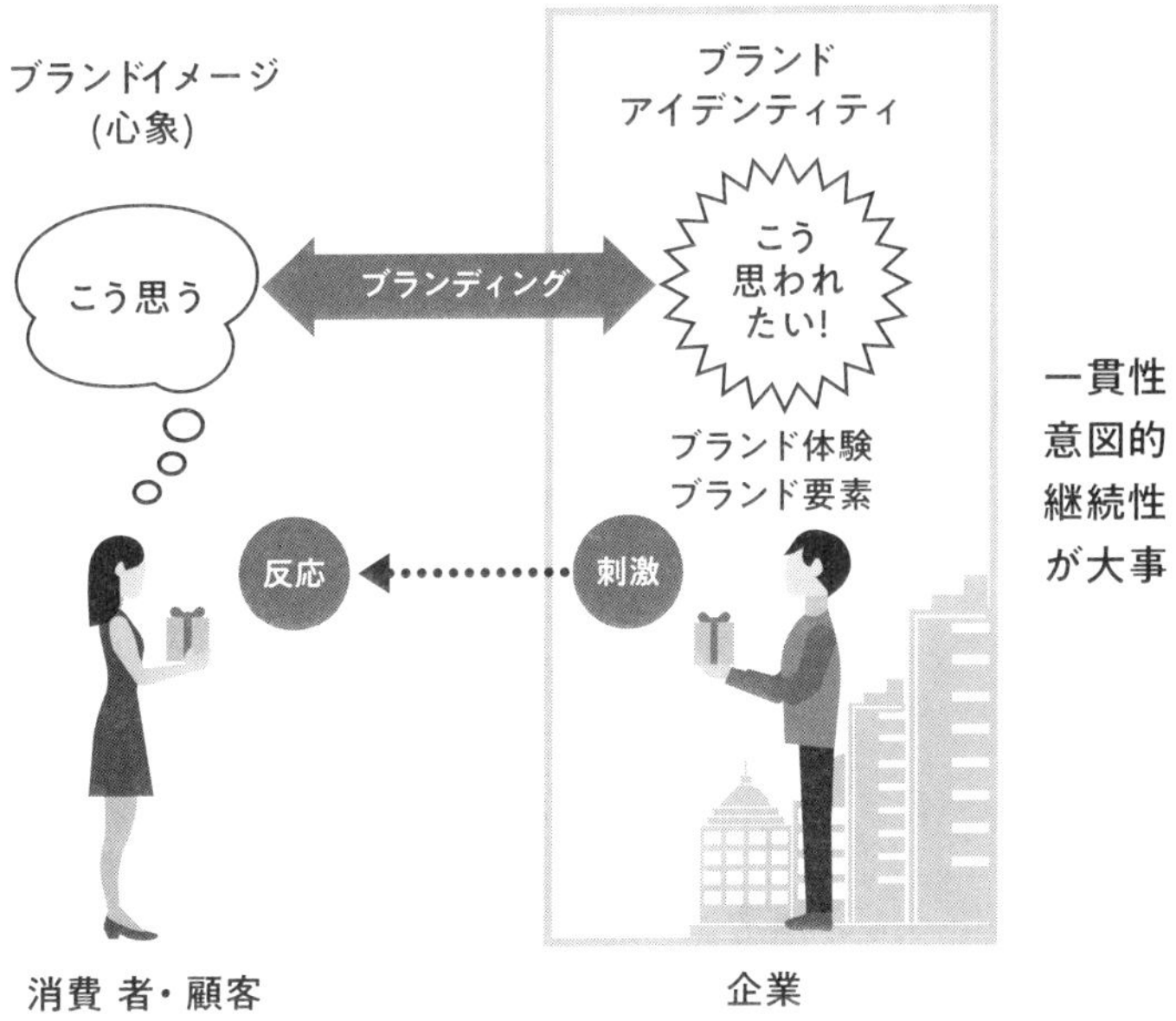

※参考：一般財団法人ブランド・マネージャー認定協会『ベーシックコーステキスト』「ブランド体験」

積み重ね、商品に込められた想いの数々を言語と非言語の両方を使ってしっかり顕在化させる。そこは、それまでの鈴ノ屋さんのパッケージに欠けていた部分だと思います。

ブランドを想起させる主要ルートのもう一本が「ブランド体験」です。

たとえば小林社長も参加した試食販売も、顧客にとってのブランド体験ですし、紙芝居の水飴から始まったという創業のストーリーもひとつの体験プログラムになります。

まだ実現していませんが、きな

きなこ棒の紙芝居「オニのコときなこ」

こ棒の紙芝居を冊子にして配るという計画もあります。そうした冊子があれば、ＢtoＢの際の事業説明や人材採用の局面などで、鈴ノ屋さんを説明する媒体や会社案内としても機能するので、いろいろ活用していただけると思っています。

実は鈴ノ屋さんの奥様が、紙芝居のための自転車を購入する予定があるそうです。紙芝居によるリアルな販促ができたら、昔の創業のエピソードが再現できますから、ブランド体験戦略としても画期的なものになります。たとえば奥様がスーパーの催事コーナーで子どもたちを前に紙芝居を読んで、そこできなこ棒を買ってもらうといった試みがもしできたら、最高のブランド体験になるでしょう。

鈴ノ屋さんのホームページは現在制作中で、ここもお客様とのひとつの接点、ブランド体験の一部になるため、ホームページ上で紙芝居が読めるようにしていくことも考えています。

私たちはブランドの「想い」を伝えていくときに、チームとして体験を共有することを重視しています。これは、商品開発における「現地・現物・現実」重視ともクロスする部分が大きいと思います。

もうひとつ心がけているのは、つくり手の想いをより広く伝播《でんぱ》しやすいように、キャッチコピーやキーワードを売り手のみなさんに伝えたり、資料にしてお届けすることで、つくり手から売り手へ、そこからお客様へという伝達の流れが途切れないようリレーしていくことです。デザイナーは、通常、商品開発を担当するマーチャンダイザーと親しく情報交換をする機会が少なく、社長とデザイナーがブランディングについて密に連絡を取ることも少ないのが現実です。このため、デザインにつくり手の想いがしっかり反映できなかったり、情報が少なくてデザイナーがつくり手の想いを表現しきれなかったりするといったコミュニケーションの壁が出てきます。

この点で、経営者、バイヤー、営業など社内のそれぞれのポジションの人たちと話し合い、現場の声をしっかり聞いてデザインとブランディングに反映させている私たちのアプローチは、珍しい存在ではないでしょうか。

きなこ棒のプロジェクトが特別だったのは、メーカー、問屋、小売、ブランドデザイン会社の四者が一体感を持って動くことができ、コミュニケーションの障害が何もなかったことでしょう。商品のつくり手の「想い」が買い手や販売の現場に最大限伝わり、それぞれのポジションがＷｉｎ－Ｗｉｎになるよう常に考えているところが、私たちのブランディングの強みだと考えています。

第2章

お客様は何を見ているのか

——売れる秘密② お客様にとっての「値ごろ感」を醸成する

スーパーでコンビニ商品は売れるのか？

本章ではバイヤーの4つのミッションその2「売れるか？」についてお話しします。売上を上げるために大切なのは、「お客様をお客様の立場で理解する」ことです。なぜなら、お客様に買っていただかないと、1円も売上にならないからです。

そして、お客様に「買おう」と思っていただくための一番のポイントは、「値ごろ感」です。お客様視点からはよく「コスパ」と言われているものです。

スーパーで商品開発を始めたときに、商品全体を見渡すと、即食商品が少ないことに気づきました。そこで、電子レンジで温めてすぐに食べられる簡便商品の開発を考えました。しかし、当時のスーパーでは、簡便商品を求めているお客様は少ないという考えが多数派でした。温めるだけで食べられる簡便商品について精肉部や鮮魚部のバイヤーに相談すると、そういうのはこれまで数が出なかったと指摘されました。メーカーのナショナルブランド（NB）商品で調理が簡便なタイプのものを置いてみたけれども、売れ行きが芳しくなかったというのです。

研修で店舗の実習をしていたとき、店長さんに簡便商品の開発の話をしたことがありますが、やはり「売れないから、やめたほうがいい」と言われました。店長さんにもバイヤーにも言われて、本当に売れないのかと暗い気分になりましたが、マーケット全体を俯瞰して見たときに、人口統計や人口動向、増加する女性の社会進出などを背景に、簡単・便利でおいしい商品を食べたいというニーズが上がってきていることを改めて思い返し、再度、仮説を立てました。

このスーパーは「惣菜が強いスーパー」と言われていました。惣菜は調理せずにそのまま食べられる商品です。ということは、むしろニーズは見えているのではないでしょうか。調理せずに食べられる惣菜のニーズが高いのだから、このスーパーには温めてそのまま食べられる簡便商品を待っているお客様がいるはずだと考えられたのです。

これまで簡便商品が売れなかったとすれば、それが、味や価格などでお客様のニーズから外れたものだった可能性があります。お客様に合う簡便商品をつくれば、見えてくる新たなマーケットは必ずあると自分の仮説を信じて臨みました。

スーパーで、最初に開発した商品は、レンジで温めれば食べられる「さば味噌煮」でした。さば味噌煮については、自分も大好きで、名店と言われるところを食べ歩いていたので、その味を家庭で手軽に食べられたら、お客様の食生活がより豊かになるのではないかと考えたのが最初の発想でした。

また、潜在的な魚のニーズがあるのではないかという仮説も、その背景にありました。

2011年頃に肉の消費量と魚の消費量が逆転して、「魚の消費量が肉に抜かれた」というニュースがありました。一度逆転したあと、いったん魚が多くなったのですが、再び肉が多くなって、その差がだんだん開いていています。いわゆる「魚離れ」です。

しかし、アンケートで聞くと、それとは反比例して「健康のために魚を食べたい」という声が多いのも事実なのです。お客様の多くは「魚は体にいいものだからもっと食べたい」と思っていいます。しかし実際の魚の消費量は減っているのです。

その理由はどこにあるのでしょうか。そこには何度かお話ししている「お客様の不」があるのではないかと思うのです。たとえば「骨があるから食べにくい（子どもにあげにくい）」「価格が高い」「簡便商品は味があまりおいしくない」という3つです。スーパーのクッキングサポートにも、さばの味噌煮について「魚の処理が大変」「骨があって食べにくい」「おいしくつくれない」といったお客様の声が届いていていました。

こうしたお客様の不満を解決する商品をつくれば、新しい食生活に変えられる便利な商品が必ずできるはずだと開発をあきらめずに臨みました。

お客様の不満は「価格が高い」「調理が大変」「骨があって食べにくい」「おいしくできない」など。それらに対して「温めるだけで食べられる」「骨を取り除く」「おいしい味付けにする」

商品を開発することにしました。そして、値ごろ感のある価格で商品をつくることを決めました。

鮮魚部に行って、どれくらいの価格なら値ごろ感があるのかを相談してみると、これまでは、メーカーさんが持ってきた250円や298円の商品を置いて、あまり売れなかったことがわかりました。そこで、198円でボリュームがあり、骨も取ってあって、味付けも専門店並みにおいしい商品を開発することにしたのです。

数々の苦労の末に生まれた「値ごろ感」

さばの骨は細かくて、機械で取り除くのは難しく、人間がピンセットで取らなければいけません。数十本近い骨を取るのです。国内でやったら、とても198円ではできません。原料はノルウェー産のボリュームのある厚手の脂がのっているさばとし、中国の工場で骨を丁寧に一尾ずつ取ってもらうことにしました。

味付けについては、さば味噌煮の名店に通いつめてベンチマークにして研究しました。通ってみてわかったのは、さば味噌煮をおいしくつくるためのポイントは、骨のうまみを引き出すことだったのです。そのためには中骨が付いたまま調理する必要があります。しかし、食べるときには、骨は邪魔になります。まさにここがジレンマです。

考えた末に、まず骨を手作業で取り除き、その後、骨だけを集めて煮出すことでうまみを抽出し、煮汁に加えることにしました。これも試行錯誤の結果です。こうすることで、しっかりしたうまみのある味わいを実現できました。煮汁のレシピはごく一部の人しか知らない企業秘密です。

味の決め手となる味噌は、まろやかな風味になるこだわりの味噌を使いました。ただし、中国には日本のような味噌がなくて、甜麺醤《テンメンジャン》のようなものになってしまいます。企業を探した末、大きくはないけれど、日本の会社の子会社が中国で味噌をつくっている名古屋の味噌メーカーさんを見つけ、そこにお願いして、さば味噌煮用の味噌をつくってもらいました。それを中国の工場に入れて、骨を取ったさばと合わせてパックにする段取りをつけました。

発売日には、埼玉県にある店舗で、自ら店頭で試食販売を実施しました。店舗のスタッフにさば味噌煮の試食を手伝ってもらい、自らマイク放送でご来場のお客様にお声がけをしました。お客様に商品説明をしながら試食していただき、同時に販売もしていきます。

結果は、1日でなんと600パックを超える販売となりました。大成功です。試食販売の会場では、「おいしい」「家族にも食べさせたい」「地方の実家で暮らす両親に送りたい」など、たくさんのうれしい言葉をいただきました。

このさば味噌煮は、一人暮らしの人、働くお母さん、ご年配のみなさんなど、幅広い世代のお客様に喜んでいただける商品になりました。もう8年くらいたちますが、いまも人気商品です。

このさば味噌煮について、前章で紹介した基本の考え方である「原料・配合・工程」を振り返ると、原料は脂がのったノルウェー産のさば。配合ではこだわりの味噌を使い、骨のうまみを煮汁に加える味付け。そして、工程では、食べにくさの原因であった小骨をすべて取り除き、それを中国の工場で行うことでコストを抑え、味・ボリューム・食べやすさに対する「値ごろ感」を実現しました。

このケースでは、売り手側に「スーパーでは簡便商品は売れない」という過去の思い込みがあったわけですが、決してそうではなく、「値ごろ感」が出せていなかったことで、売れていなかったのだろうと思います。手ごろな価格で、質と量が伴っている商品なら売れるという、ある意味、原理原則の話だったのだと思います。

品質と価格のバランスが大事

「売れる」商品をつくるためには、この例のように品質と価格のバランスが不可欠です。つまりは、コスパがよいということだと思います。どんなに品質がよくても、お客様の望む価格帯から外れてしまえば長続きして売れ続けません。

ですから大切なのは、事前にきちんとマーケット調査を行って、その商品についてお客様が「これくらいの値段だったら買ってもいい」と考えている価格帯を把握し、商品開発を始める段階で価格を決めておくことです。ところが現実には、それができていない企業は多いと思っています。

私たちはたくさんの企業と顧問契約を結び、いろいろな商品開発の現場に関わっていますが、こちらがアドバイスする前の価格設定のやり方を見ていると、コストを積み上げて価格を決めるコストプラス法（原価加算法）がほとんどでした。メーカーの見積もりが500円なので、それに3割の利益を乗せて650円にするといったように、感覚で値決めをしていたのです。

それでは「売れる」商品になるのはとても難しいと思います。

私たちはスーパーでもコンビニでも、まず、お客様の値ごろ感についてマーケットリサーチをし、その上で「原料・配合・工程」の中のどの部分を工夫して目標を実現していくかを詰めていきます。それが商品開発のあるべき姿ではないかなと思います。

以下では、前章でも触れたカステラの独自商品開発のケースを見てみましょう。

商品開発の前に、カステラのメーカーさんにヒアリングしたところ、味を大きく左右するのはやはり素材だということがわかりました。具体的には、卵をたくさん使うと、おいしくなるということです。

専門店の評価されているカステラを食べてみても、やはりこの卵の濃厚感というのは大切なポイントです。実際に試作してみても、そのとおりでした。そして卵は濃厚さだけでなく、ひとつひとつ生卵を割って入れていくと、おいしくなります。ですが、卵を増やすとコストが上がり、しかもそれを手で割っていては手間がかかって余計にコストが高くなってしまいます。

それではお客様の望む価格帯でカステラがつくれないので、量販店で売られている商品の多くは「液卵」を使っています。液卵とは、あらかじめ卵を割って中身だけを取り出し、攪拌《かくはん》した上で殺菌し、袋詰めにした製品で、自動化に適しています。

また、カステラは触感も大事で、粒子の大きなザラメ糖を使うことで質感を高めることができます。製造の際は、ステンレスなど金属の枠を使って1個ずつ成形するよりも、昔ながらの木枠で成形し、後工程でカットしたほうが口触りがよくなることもわかりました。

しかし、こうしたほうがおいしいとわかっていても、コスト高で値ごろ感が消えてしまうと、売れない商品になってしまいます。

そこで、このカステラでは液卵を使う代わりに、卵の手割りの工程を自動化することで、生卵を使いながらも人件費コストの上昇を防ぎました。

卵はあまり多くすると、やはりコストが上がってしまうので、ほどほどに抑え、濃縮乳を使うなど、別の方法でコクを出すことにチャレンジしました。たとえば、はちみつを入れたり、発酵バターを使うといったことも試しました。

木枠でつくって後工程でカットすることは実現しましたが、そのときに、これまでのカステラと同じサイズにしようとすると、端材が出てしまうことがわかりました。無駄が出ないように、サイズを微妙に調整して、端材を出さずにカットするようにしました。

もうひとつのコストダウンの工夫は、発注ロットを大きくすることです。

しかし、そのためには各店舗の主任からたくさんの注文をもらわなくてはなりません。ここは日頃の人間関係や商品のよさをアピールする工夫がいるところです。また、カステラのメーカーさんだけでなく、パッケージのメーカーさんや印刷所との連携も必要になります。

4つのミッションを「原料・配合・工程」で分解する

以上を「おいしいか」「値ごろ感があるか」「儲かるか」「他社にないか」という4つのミッションごとに、「原料・配合・工程」に分解して考えてみます。

商品設計　例：カステラ

「おいしいか（品質／機能）」

原料　おいしさの本質、卵のコク・食感・ザラメの質感

配合　卵の量をどれだけ使うか？　ザラメの調整

工程　木枠にする、ステンレスはダメ、工程でカット（不満の解消）

「値ごろ感があるか」

原料　卵はひとつひとつ割ったほうがいい（でも高い）、普段は液卵を使う（安いから）

工程　卵の手割りを自動化で再現

配合　卵をいっぱい入れるとおいしい（でもお金がないからできない）、濃縮乳、パウダーを入れるなどで解消

「儲かるか」
原料　開発する企業の現在使用しているライン・強みを活用する、活かせる材料を探す（すべて新規ではなく）
工程　木枠カステラをカットすると2センチの端材が出てしまう、その端材が出ないように調整
ロット　1万本↓10万本にするためには各担当者・外部パートナーとの連携を密にする必要がある（小売の部署連携、メーカー、印刷所など）
「他社にないか（不の解消）」
原料　純粋はちみつ
工程　カットの工程を導入、液卵を割卵に
配合　いままで使うことがなかったはちみつや発酵バターを入れる↓だがカステラが半分しか膨らまないなどの壁があった↓通常ならあきらめるが、乗り越える方法を考えて実現

こうして味と価格を詰めていき、「このクオリティでこの値段でいいの？」という驚きを誘うくらいの値ごろ感が出てくると、その商品が定番であればあるほど、不動の人気を確立する

ことができます。

最初から「値ごろ感」を設定していれば、値引きの必要はない

前章でお話しした「きなこ棒」も、材料を全面的に見直し、厳選した国産の素材を使ったことで、材料コストは上がっていました。1袋あたり5円ほどのアップだったのですが、売値が100円の商品の中の5円は5％ですから、吸収することが難しいレベルの負担増です。

ただ、それは商品設計段階で予想していたことでした。私たちはその分、発注単位を大きくし、最低5万パックを一括で買い取るという形にしてコスト増を相殺するよう工夫しました。

駄菓子の場合、普通のスーパーでは1カ月に2000個程度仕入れるのが一般的です。それを20倍以上とする。それによって原材料の仕入れロットも大きくなり、価格交渉の余地が出てきます。

独自商品のきなこ棒はパッケージのデザインを一新したのですが、その包装資材の発注の最低ロットが5万個でした。それもあって「最低でも5万パックは発注が来るようにしていくので、その前提で見積もりを出してください」とお願いしました。

また、駄菓子では、売れ残って賞味期限が切れると、普通は店から返品されてきます。平均

した返品率を計算し、原価にはその分の費用も見込まれています。それが一般的なのですが、今回はすべてスーパーで買い取って、各店舗に全面的に協力してもらって売るという体制をつくりました。そうしたコストを勘案すると、材料費のアップと差し引きゼロに近い状態になったと思います。

結果、独自商品のきなこ棒は、品質を大きく高めたにもかかわらず、これまでと同じ値段で販売することができたのです。

もちろん鈴ノ屋さんががんばってくれた結果ではありますが、そうやって苦労して価格を抑えたのは、駄菓子や袋菓子に対して「1袋100円」というお客様の認識があったからです。その金額を超えたら、おそらく売れない。そこで、最初から100円を前提として商品設計をし、販売計画を立てたのです。

このようにマーケットリサーチをした上で値ごろ感のある価格に落とし込んだら、その後は安易に値下げをしません。

コンビニはもともと値引き販売しないことで知られていますが、スーパーでも私たちのつくった商品は基本的に「値引きして売る」という販売を想定していません。さば味噌煮もきなこ棒も、あとで登場するイベリコ豚入りハンバーグもマルゲリータのピザもアイスコーヒーも、何年たっても値引きしないで売られています。それができているのは、そもそもの値決めの時点で、最初から値ごろ感があるプライスに設定されているからです。

商品は発売開始の時点で、リサーチで想定しているお客様であれば、この価格なら値引きをしなくてもいいという価格設定にしていなければいけません。そして、その価格で販売店さんも利益を出せて、メーカーさんや卸さんにも利益が残るようにし、三方良しで取り組むことが大切だと思います。どこかに負荷がかかっていたり無理があれば、定価で長く売れる商品にはならないのだと思います。

小売業全体にそういった傾向があるようですが、スーパー業界はとくに「割引しないと売れない」と思い込んでいる面があると思います。毎週のようにチラシを打って「今日は特売で○○が安い」と謳っているのですが、私たちは決めた値段で販売して売上を上げることを追求してきたので、「値引きをして売るもの」という前提には違和感があります。

スーパーで売られている菓子の場合も、値引きは普通に行われています。

袋菓子などはだいたい1袋100円ちょっとですが、実際の販売の現場では目玉商品として「20円引き」「30円引き」と煽《あお》って売るのが当たり前になっています。それでも私たちはきなこ棒を2割引きの80円で売ったことはありません。100円と決めたら100円で売る。実際、それで売れています。

特売で売ったら、いくら売れても利益はありません。人を呼ぶための、赤字覚悟の値段だからです。しかし、きなこ棒は100円の駄菓子といえども、ちゃんと利益が出る設定になっています。だから店の売上だけでなく、利益額や利益率にもちゃんと貢献しています。いろいろな人から話を聞いていると、こうした点もいままでのお菓子の世界にはあまりなかった考え方ではないかと思っています。

商品へのこだわりや熱意が価値を高める

さて、ここからは伝達設計の話になります。

商品設計と違って、伝達設計では、商品のコストを下げて、商品の価格そのものを抑えることはできません。

しかし、伝達設計でも「値ごろ感」を出すことはできます。

価格を変えずに、商品の持つ価値を高めるのです。「この商品はほかよりも価値が高い」とお客様が感じれば、競合品と同じ値段でも「値ごろ感」が出てくるわけです。

商品の価値には、食品であれば「おいしい」や「量が多い」、あるいは衛生面に気を使い、良質な素材を選び、添加物などは極力使っていないので「体によい」といった「機能的価値」が一方にあります。

もう一方には、「子どもたちの笑顔が見たくてつくっている」「初代から製法を引き継ぎ、いまも昔と同じ素材、同じ製法でつくっている」といった、商品を購入するお客様が感情移入できるような「想い」や物語（ストーリー）があります。こちらは商品の「情緒的価値」を構成します。

鈴ノ屋さんの場合、黒糖を煮詰めて黒蜜をつくり、味の細かな部分を調整していくといった技術面のことは、小林社長が担当されていました。小林社長は、ご自身が以前ヨーグルトメーカーに勤めていたこともあって、衛生面には人一倍気をつけられていて、工程管理をしっかり行っていましたし、素材にこだわるという方向性をもともと持っていました。

駄菓子というジャンルからは意外に思われるかもしれませんが、外気の温度や湿度の微妙な変化に合わせて、塩やはちみつの分量を調整するといった職人のようなお話もお聞きできました。こうした製品の質や製造工程への「こだわり」をうまくブランディングに活用することで、商品の付加価値をつくります。

ブランドの方向性という部分については、社長よりもむしろ奥様が強い想いを持っておられました。それは、そもそも奥様のおじいさまがきなこ棒の発案者だったということが大きかったと思います。

かつて奥様のおじいさまが紙芝居屋さんを営まれ、紙芝居を見せながら子どもたちにきなこ棒を売っていたという話は、最初に工場を見学した際に伺いました。

「初代が紙芝居屋さんで、紙芝居を読んだあとにきなこ棒を売っていた」という話からスタートしたエピソードや物語が、きなこ棒という商品の情緒的価値を生み出すのです。

ブランディングでは、製造の苦労や創業以来の歴史といったお話を伺いながら、会社と製品が持っているバリューや、経営者が持つブランドについての考えを整理していくプロセスを踏んで、つくり手の「想い」を言葉にまとめていきます。

私たちは中立的な質問を投げかけていきます。このときのワークショップ（対話型ディスカッション）では、機能的価値をつくる製品への「こだわり」については小林社長が、情緒的価値をつくる「想い」の部分に関しては奥様が、中心になって話されていた印象でした。

「無添加駄菓子」の誕生

このときのブランディングのディスカッションでは、「駄菓子」という商品のカテゴリーについて、改めてその意義について深掘りしていきました。考えを整理して、言葉にして書いてもらうことにしたのです。

駄菓子という言葉には、小林社長夫妻の想いが強く込められていると感じたからです。

一般的には「安いけど、添加物が入っていて体にはよくない」「大人が食べるものではない」といったイメージが駄菓子にはあるかもしれません。私たちが考えていたのは、それをどうやってプラスの方向に転化させるかでした。

お二人の駄菓子づくりへの想いや姿勢を踏まえて考えると、一般的な駄菓子のイメージを裏返して、「カラダにやさしい無添加の駄菓子」「健康的な駄菓子」というように、駄菓子のイメージの逆説的な用い方がいいのではないかと考えました。「駄菓子なのに○○だ」という表現のほうが、言葉としてインパクトが強くなるからです。

そこで、そういった言葉をキーワードとする方向で検討を進めていきました。

初代のおじいさまがどのあたりで紙芝居屋さんをやっていたのかは正確にはわかりませんが、鈴ノ屋さんの工場が東京の下町である南千住にあることから、おそらくいまの南千住周辺の下町界隈《かいわい》がテリトリーだったのでしょう。昭和の東京の下町で、子どもたちを集めて紙芝居を見せながら、駄菓子を売っていた。そういう感性の面で得られる共感性をブランドの特徴にすることも、このケースで重視した部分です。

このようにして鈴ノ屋さんから伺った話を私たちで整理して、改めて鈴ノ屋さんにフィードバックしていきます。

お二人とも、もともと「無添加」という方向性を大事にしたいとのお考えでした。それが、競合との比較や、ディスカッションでお客様の気持ちになって考えてみるといったさまざまな分析を通じて、改めて「添加物が多い駄菓子はいやだ」と再認識されたようです。

その一方で、鈴ノ屋さんではその後に「宇治抹茶味のきなこ棒」という新商品の開発が始まります。そちらについても、「抹茶を使った新商品の開発は、鈴ノ屋として間違っていないと納得できたので、心おきなく踏み込めました」と伺いました。

抹茶きなこ棒のパッケージ

駄菓子なのに、宇治抹茶のような高級素材を使うのはどうかと思われそうですが、鈴ノ屋さんの素材や健康へのこだわり、企業としてやっていく上でのスタンスが、新商品の方向性ともうまく噛《か》み合いました。

そういう経営上の選択基準となる明確な指針が得られたことは、今回のブランディングのひとつの成果と言えるでしょう。

ブランドコンセプトとして最終的に決まったのが、「カラダにやさしい無添加の駄菓子」という言葉でした。

駄菓子といってもジャンクなお菓子ではなく、素材を選び、製造工程も季節ごと、日ごとにミリ単位で調整して、自分たちのこだわりをしっかりと商品に反映させていく。そういう鈴ノ屋さんの企業としての立ち位置（ポジション）が、このブランドコンセプトの言語化を通じて最終的に確定した印象がありました。

実は、このポジションこそ、経営分析を振り返ってみたときに、ほかに競合がいない鈴ノ屋さん独自の強みになるのです。

無添加の駄菓子をつくっているところはほかにあまりないでしょう。少なくとも、初めにそのことを前面に打ち出したのは鈴ノ屋さんだったと思います。

世の中で人気の駄菓子には添加物が入っています。そこを逆に行き、「無添加の駄菓子」を打ち出すのは、ニッチとしてのポジションをつかんでいくという小規模な企業ならではの生き残り戦略でもあったのです。

高くても売れるのにはわけがある

同種の他社製品よりも高いから値ごろ感がない、ということは必ずしもありません。高くても、情緒的価値が伴っていれば、お客様には評価してもらえます。

例として挙げたいのは、大手スーパーの独自商品の冷凍マルゲリータピザです。この商品は、私のチームの女性バイヤーが中心になって商品開発を実行したものになります。一般的に冷凍食品は、1年間に1アイテムで1000万円の売上があれば、売れたほうだと言われます。ところが、この冷凍マルゲリータピザは、たった1カ月でその何倍も売れたのです。

このピザは、どこにでも売っている定番のマルゲリータピザです。それが1000アイテム以上もあるスーパーの独自商品の中でトップセールスになりました。

この冷凍マルゲリータピザは大きさが16センチで、普通のスーパーで売られているピザより小さめになっています。実はこの「16センチ」というのがヒットのポイントです。小さくて何がいいかというと、この大きさであれば、一般の家庭にあるトースターに入れて温められるからです。

ピザの新商品を開発するにあたって、私たちは世の中の冷凍ピザをすべて調べました。スーパーで売られているもの、コンビニで売られているもの、専門店で出しているもの、ネットで売られているものなど全部です。そしてわかったことは、誰も16センチの小さなサイズで本格的なピザを出していないということでした。

専門店風のピザを開発している食品メーカーはいくつかありますが、それらのサイズは専門店と同じように大きなピザになっています。ところがそれだと、一般家庭のトースターには入らないのです。

このピザを開発した当時、高級ピザはどれも価格帯は500円くらいで、大きいサイズのものを1枚ずつ売るというスタイルでした。競合他社の真似をするから値段も大きさも同じになってしまい、どれも売れなくなるというのが、調査した私たちの感想でした。

16センチのピザ自体は以前からあって、定番の子ども向けのピザが人気でした。2枚入りで実勢価格は228~278円ほどと安めの価格帯です。ただ、それはいわゆる「本格イタリアンピザ」ではありません。

専門家好みの薄い生地のナポリタイプのピザとは違って、ベース生地はパリパリではなく、パン生地に近い柔らかいものです。でも、小さいから、トースターで焼けます。味はともかく、安くてトースターで簡単に焼けるという簡便さが、子どものおやつとして受け入れられたのです。

このあたりの現状分析（「俯瞰して全体を捉える力」「気づく力」）も商品開発では大事なことです。16センチのピザはどちらかというと、お子様向けを狙い、手軽なおやつとして食べられている商品です。それでは、このサイズで本格的な釜で焼いたマルゲリータはできないかと私たちは考えました。パン生地ではなくてパリッとしたピザ生地で、1枚1枚手づくりのおいしいピザをつくることにしたのです。

ピザ生地については、小麦粉の研究を重ね、たんぱく質が多くて小麦の風味を強く感じられる品種を探しました。生地づくりでは低温でじっくり熟成させ、1枚ずつ手で伸ばしています。トッピングのチーズにはモッツァレラを主として、くせのないすっきりとした味わいを実現。何十回も試作を繰り返してベストな生地とチーズ、トマトソースの組み合わせを選び、「伝統的な石窯」で焼き上げました。

小さいけれども本格的となると、普通につくったらコストがかかって高くなってしまいます。しかし、グローバルに工場を探して生産することで、2枚入り398円という価格にすることができました。全体では2枚入りですが、中で2つに分かれていて1枚ずつ個包装になっています。こうした細かな点でも高級感を打ち出しています。

とはいえ、それでも定番の子ども向けピザより価格設定としてはだいぶ上です。最初にコンセプトをプレゼンした際、「398円」と聞いて、商品開発塾のみなさんは「それはちょっと高いですよ」という雰囲気でした。大きさが小さくても、おやつ向け商品とはまったく違うことを説明しましたが、半信半疑という様子でした。

でも結果としては、前述のように、過去にないほど売れたのです。瞬間的に売れただけでなく、おかげさまでリピート率も高く、発売から1年たったいまも信じられないほどの売上になりました。

こんなに売れた理由は、お客様にとって「これくらいの大きさで本格的なピザが欲しかった」という商品だったからです。いわば「潜在的なニーズ」を「顕在化させた商品」だったのです。

ここからわかることは、ほかより小さかったり値段が高かったりしても、それ以上に質が高ければ、お客様は「値ごろ感」を感じてくれるということです。

顧客のメリットを伝える4つの視点

先の場合でいう「質の高さ」とは、「お客様にとってのメリット」と言い換えることができます。お客様にとってのメリットが価格を上回れば、その商品には「値ごろ感」が出て、売れるということです。

食品の商品設計では、主に「おいしさ」「ボリューム」というお客様のメリットが価格を上回るように設計します。

伝達設計で大事なのは、商品設計で実現させたメリットをどうやってお客様に伝えるかです。

以下では4つの視点から、お客様にメリットを伝える上でのポイントを考えていきます。4つの視点とは、①探索コストの低減、②価値の獲得、③自己イメージの投影、④リスク回避です。

①探索コストの低減

これは、すぐに名前が思い出せるように工夫することで得られるメリットです。

わかりやすいネーミングや特徴的なパッケージなど、その商品が求められるシチュエーションですぐに想起するように設計できると、それによってお客様が商品を探すときの手間（コスト）を削減できます。

「お腹がすいた」というときにマクドナルドのハンバーガーが、「喉《のど》がかわいた」というときにコカ・コーラがみなさんの脳裏に思い浮かぶのは、そうした要素がうまく設計されているからです。

「何という商品だったっけ？」とネットで検索しなくて済みます。そういった意味でも、わかりやすく覚えやすい名前や印象的なパッケージデザインなどは重要です。

②価値の獲得

お客様は商品を購入する前に、製品に込められたこだわりやデザインの設計など、感性と理性で商品を感じ、価格に見合うかどうかを吟味します。

ブランディングでは、頭で感じる価値（認知価値）を「機能的価値」と「情緒的価値」に分けて考え、言語や視覚要素でお客様の脳を刺激し、価値を感じてもらい、購入意欲をつくり出すわけです。

「値ごろ感」を感じていただくには、一言で言えば、高品質感を出すことです。

そこは私たちのつくった独自商品でも意識して、ディレクションを行っています。伝達設計の面でいうと、商品のパッケージにおいしそうな写真を入れ、「価値がある」と連想される言葉をしっかり記載するといったところです。

写真でも、一般の人が撮ったものと、プロがきちんと構図やライティングを考えて撮影したものとでは、見え方が全然違います。写真を見て「これは高級そうだ」と感じたら、お客様はそれなりの価格を予想します。そういった視覚要素も「値ごろ感」につながります。

たとえば書体ひとつをとっても、上品な書体にするか、かわいい書体にするかで商品の性格が変わり、お客様の予想価格も変わってきます。

気をつけないといけないのは、購入前の認知価値と中身の価値にずれがないようにすることです。

パッケージだけすごくて、食べたら大したことがないといったズレがあると、お客様を失望させ、かえって負のブランドイメージが残ってしまいます。

③自己イメージの投影

たとえばスターバックスのラテやエルメスのバッグなど、それを持っていることで充足感に満たされるブランドがあります。お客様をそういう気持ちにさせるには、それを使っている自分を思い起こさせるような演出が大切になってきます。

自己イメージを投影させやすいブランドにはファンがつきます。

企業のイメージはロゴやネーミングなどのブランド要素に蓄積しやすいので、ロゴやネーミングをしっかり印象づけることも重要です。

④リスク回避

商品のこだわり、製造背景（ストーリー）を言語化して発信することで、商品の価値やつくり手の想いが購入前・使用前にお客様に伝わります。これが購入の際の「金銭的リスク回避」につながります。金銭的リスクとは、購入した商品の提供する価値が、支払った価格に見合わないというリスクのことです。

しっかりした商品であり、お金を払うだけの対価があることが伝わると、お客様にとっての「値ごろ感」が出てくるのです。

リスク回避ができる「マイク放送」の秘密

リスク回避につながる価値を伝えていく場として、試食販売を考えてみましょう。

試食販売の場合、まず試食して味を知っていただくことが第一です。実際に食べてみることで、おいしいかどうか、自分の好みに合うかどうかがわかります。それがお客様にとってのリスク回避につながります。

スーパーで行ったきなこ棒の試食販売は、それが大成功した事例でした。

試食販売で大事なのがマイク放送です。ただ「試食をやっています」というだけでは、お客様は来てくれません。

きなこ棒の試食販売で行うマイク放送については、こちらで台本をつくってスーパーの全店舗に送付しました。実際にいろいろなパターンでマイク放送をしてみて、一番お客様が集まったものを記載し、効果がある方法を全店に伝えました。

実際の試食販売では、鈴ノ屋の小林社長が早朝からきなこ棒をつくって、出来たてを持ってきてくれていたので、それを活用しました。

「みなさん、本日は、懐かしの駄菓子の試食販売をしております。ところで、駄菓子のきなこ棒はご存じでしょうか？　本日は、なんと朝の3時から想いを込めてつくった〝出来たてのきなこ棒〟を、ぜひみなさんに試食していただきたいと思い、製造してくださった社長の小林さんも一緒に6番通路でお待ちしております！　ぜひぜひお集まりくださいませ！」

「本日は、おかげさまで、すでに朝から1000人以上のお客様に試食していただいた駄菓子のきなこ棒というオリジナル商品がございます。食べられたお客様がみんな『お

いしい、懐かしい』と言っていただくきなこ棒は、6番通路のエンドコーナーで、本日製造してくださった小林社長と私で試食販売をしております。昔懐かしいきなこ棒をぜひ食べてみてください」

このような情報を入れて声がけし、たくさんの人に来てもらうことができました。

スーパーの店内放送は、価格しか言わない放送が多いように思っていました。「いらっしゃい、いらっしゃい。本日、キュウリが99円」といった情報しか伝えません。どのスーパーでも聞いていると、価格がメインでストーリーを伝えていることはあまりないなと思います。

私たちの場合は、価格ももちろん大切な要素ではありますが、マイク放送のポイントとしては、最初のつかみの部分を大切にしています。

「みなさん、駄菓子のきなこ棒って知っていますか？」というような、質問形式から入るほうが、お客様になんだろうと聞く耳を持っていただけます。イメージとしては「みなさん、こういうのを知っていますか？」という入り方です。

お客様にとって、店内放送はお忙しいお買い物の中でなかなか注意深く聞いていただけないものです。聞いていないから、まずは聞いていただくこと。それには「受け皿をつくる」ことが大事です。

お客様が「何だろう？」と足を止めることが「受け皿をつくる」ことです。それには質問形式がよく合います。

「知っていますか？」と聞くと、中には知っている人もいますが、それでもかまいません。放送を自分事のように感じてもらえるので問題はありません。

それに続くのが、「試食用のきなこ棒は出来たてで鮮度がいい」「それをつくっている会社の社長が来ています」「昔懐かしい駄菓子のきなこ棒をぜひ食べてください」という内容です。

ポイントは以下の3点になります。

①質問から入って、お客様に聞く態勢をつくっていただくようにすることです。

②「駄菓子」「昔懐かしい」というキーワードを使うことで、「この商品は私に関係あるかもしれない」と、自分事にしていただくことです。

③どこの売場で販売しているのかをお伝えすることが大切です。一般のマイク放送では、どこでやっているのかを伝えないことも多いように思います。「本日は精肉の○○がいくらで」と値段を伝えますが、お客様からすれば、それがどこにあるのかがわかりません。

スーパーには必ず「何番通路」という通路ごとの名前があります。「何番通路のどこで開催しています」と言われると、お客様はなんだかそこに行きたくなるものです。

この3つのポイントの中でも、実は最後の場所についての情報は、マイク放送で外せないポイントになります。

きなこ棒の試食販売の例にある「ただいま社長に来ていただいています」というセリフは、実際に本人が来ているときにしか言えないので、いつもは使えません。そのときは、商品の力でカバーすることにして、アピールしたいポイントを絞ってお客様に伝えします。「出来たて」や「食べた人みんながおいしいと言っている」といったことです。

また、数値で伝えるマイク放送も効果的です。これについては賛否両論ありますが、「今日300個用意して、おかげさまでもうすでに254個も販売しています」といった言い方をすると、お客さんは早く買ってみたいなとワクワクした気持ちが膨らむのではないかなと思います。

世の中には、お客様にまるで気にも止めてもらえないマイク放送があるのは事実ですし、お客様が逃げてしまう試食販売もよくあります。

試食用の楊枝を刺したサンプルのお皿を持ったスタッフが、通りかかるお客様に「どうぞ食べて、食べて」と押し付けるだけだと、お客様は「別に食べたくない」「私には関係ない」という反応になってしまいます。押し付けるのではなく、これは自分事だと感じさせて、お客様のほうから来ていただくことが大切です。試験販売にかぎらず、お客様の立場や気持ちになって、どんな情報をどんな優先順位で伝えるかという視点は、さまざまなケースで応用できると思います。

小売であれば、メーカーさんが気づかなかったポイントをお客様視点で消費者に伝えていくことができます。目の前のお客様がこんな情報を欲しているなと感じたら、それを伝えることでお客様の行動変容を促すのです。それはおそらく、ほかのビジネスでも同じことではないかなと思っています。

第3章

利益を生む仕組みづくりが大事

——売れる秘密③　巻き込んで「儲かるか」を検討する

2つの意味での「儲かるか」
——社内・取引先へのアプローチと顧客へのアプローチ

売上のつくり方と利益のつくり方は、かなり違います。

売上は前章でお話ししたように、お客様の理解がベースになっています。「値ごろ感」でいえば、同じ品質なら安ければ安いほど売れるでしょう。

一方、利益をつくるのはビジネススキルです。利益の面からいえば、原価に対して売値が高ければ高いほど儲かります。

つまり、値付けという視点から見れば、売上と利益は相反する性格を持っているわけです。お客様の「値ごろ感」が一定であり、商品設計で価格が先に決まった場合、「利益」をつくるためには、その売値に見合った水準までコストを下げなければなりません。そのために、たとえば次のような工夫をします。

- 商流改善　(例) 直接取引に変更する
- 原料改善　(例) 複数部門で原料を共有する
- 生産／製造改善　(例) 空いている製造ラインでつくる

物流改善（例）コンテナ単位で買い付ける

商品設計の段階できちんと利益が見込める価格設定ができた場合、利益を上げるには、「たくさん売る」ことになります。本章ではこの話がメインになります。

どうしたら、開発した商品をヒットさせることができるのでしょうか。ここで考えなければいけないのは、「バイヤーは自分では売ることができない」ということです。バイヤーが担当するのは、基本は、商品の仕入れまでです。店舗で商品を販売するのは、店長さんを筆頭とする現場のスタッフたちになります。現場の人たちが商品を気に入って、たくさん売ってくれれば、その商品がヒットする確率は大きく高まります。逆に、現場の人たちにそっぽを向かれたら、売場での扱いは悪くなり、ヒットの可能性は低くなります。

その意味で、バイヤーにとってお客様は二段階あると思っています。

第一段階はお店の各担当者さんです。主任や店長はバイヤーにとって仲間であると同時に、お客様でもあると考えてみることが重要だと思います。

第二段階が来店するお客様です。ただバイヤーが、店に来るお客様に直接アプローチできるのは、試食販売などの機会にかぎられます。

売れる商品づくりのためには、開発段階から店長をはじめとする現場のスタッフに、いま開発している商品について知ってもらい、興味を持ってもらうことが欠かせないのです。それが伝達設計のもうひとつの役割です。

商品開発における伝達設計とは、必ずしも一般消費者というお客様だけがターゲットではありません。販売促進部や広報の方々も、もちろん情報伝達の対象になります。そして、そのための伝達設計は、商品設計と同時並行で進めなくてはいけません。商品が完成してから現場に根回ししているようでは遅いのです。

人を巻き込まなければプロジェクトは進まない

ここでまた、きなこ棒のプロジェクトを取り上げます。

きなこ棒という駄菓子に出会い、そのメーカーである鈴ノ屋さんとお話しして、独自商品の開発についても前向きな感触を得ることができたわけですが、開発をスタートするにはもうひとつ、スーパーの社内できなこ棒の開発を認めてもらうプロセスが残っていました。

オリジナル商品をつくるといっても、実はこの時点で、このスーパーでは、きなこ棒というお菓子自体が品揃えされていなかったのです。

現場の販売スタッフの中には、きなこ棒など見たことも聞いたこともないという人もいました。いくら商品開発をしたとしても、それを売場に置いてもらえなければ商品として成り立ちません。

きなこ棒は売れるという実績をつくっておかないと、商品開発についても社内の同意が得られない状況でした。

最初にきなこ棒というものを見つけたとき、次はこれがくると直感したという話をしましたが、しばらくしてその直感を後押しする出来事がありました。

たまたまある売場をマーケティングリサーチしていたら、このきなこ棒を売っていたのです。しかも棚一面を使って大々的に売っていました。そこで売られていたのは鈴ノ屋さんのきなこ棒ではなく、おそらくもっと安い材料を使った別のメーカーの製品だったのですが、最初に見たときに強い衝撃を受けました。スーパーでもコンビニでもあまり取り扱っていないのに、きなこ棒に目をつけるバイヤーがいることに驚きました。

その店舗だけかと思って別の店に行ってみたら、そちらでも売っていました。1店舗だけではなく、多くの店舗で展開していたのです。

これだけ置いているということは売れているのだろうと思って、お店の人に聞いてみると、「すごく売れています」という返事が返ってきました。

これを社内説得の材料に使おうと思い、スーパーに戻ってからバイヤーの人たちにきなこ棒売場の話をしたのですが、「うちではきなこ棒をやったことがないから」というあまり乗り気ではない反応でした。スーパー勤務のみなさんは、ほかのスーパーについてとても熱心に研究していますが、他業態の売場はあまり視野に入っていない方もいるようです。

それでも交渉の末、なんとか期間限定できなこ棒のテスト販売をすることを認めてもらいました。

スーパーで開発部隊を抱えているところは少数

ここで流通業におけるマーチャンダイザーとバイヤーの関係について説明しておきましょう。

第1章の冒頭で、「小売業の多くでは、バイヤーがマーチャンダイザーを兼ねている」と申し上げました。ところが、私たちがいたスーパーでは、バイヤーとは別に商品開発を専門で担当するマーチャンダイザーがいて、経営トップ直轄の商品開発部に籍を置いていたのです。

そのため、このスーパーの商品開発部は、商品の開発はできても、自分の売場がないという部署でした。開発された商品を精肉や鮮魚などの売場に置くかどうかを判断するのは、それぞれの売場を司《つかさど》るバイヤーなのです。

バイヤーはカテゴリーごとに分かれており、それぞれのカテゴリーに属する商品を仕入れる権限を持っています。お菓子のバイヤーは二人、洋菓子と和菓子でそれぞれ一人ずつです。駄菓子はその中の和菓子のほうに紐づいています。和菓子には煎餅《せんべい》や米菓、カステラなどさまざまな種類があって、駄菓子もそのひとつです。

バイヤーの仕事は「配荷《はいか》」といって、各店の売場にどんな商品を置くかを考え、仕入れて配達することです。バイヤーに何を置くか決める権利があるというのは、新商品が出る場合に、それを売場に並べるかどうかを判断する権利もバイヤーにあるということです。

和菓子のバイヤーであれば、スーパー全体の和菓子というカテゴリーの責任者であり、そのカテゴリーの販売額の数値に対して責任を持ちます。それがバイヤーの役割になります。

ちょっと複雑なのは、そういう部門ごとの責任者とは別に、お店にはトップに店長がいて、店舗の販売額についての数値責任を持っているところです。店長の下に副店長、その下には各部門の主任がいて、主任はお店における各部門の売上に責任を持たされています。

当時の編成としては、各店舗に、青果の主任、精肉の主任、鮮魚の主任、グロッサリーの主任などがいました。お菓子は調味料や缶詰、乾物などとともに、グロッサリーに含まれます。

お菓子担当のバイヤーは、各店のグロッサリー部の主任に「この商品を置いてほしい」と依頼する形になります。

大手スーパーの中でも、自社主導でマーチャンダイジング（商品開発）をやっているところは、実は少数です。バイヤーの仕事のメインは、いま世の中にあるものから厳しい目で店に置く商品を選ぶことにあります。その中で、原材料や味付けの変更などの注文をすることはあるとしても、独立した商品開発チームが、ゼロからマーケティングをして独自商品の開発を行っているところはあまりありません。

とはいえ、スーパーでは一般的に、各部門のバイヤーには自らのカテゴリーにおける独自商品を開発する権利があります。

逆に、商品開発部というのは、多くのスーパーにはない部署なのです。バイヤーはバイイングの仕事が9割で、商品開発部では商品開発の仕事を10割しています。だからこそ、うまく機能すれば、そこが強みになり、差別化につながるのですが、言うのは簡単でも、実際に機能させるのは簡単ではありません。

まずは信頼関係の構築が基本

所属していたスーパーでは、部門別ではなく横断的に商品を開発できるチームをつくるという考えで、商品開発担当部の源流となる部署を設立しました。

各部門のバイヤーとは別にできた新しい部署なので、自分の売場を持たないし、開発した商品をどこに置くか指示する権利もありません。

では、どうするかというと、社内会議でプレゼンをして、各部門の部長にお伺いを立てます。そこで許可をもらった案件についてのみ、計画して商品をつくっていくことになります。

これがなかなか難しいのです。とりわけ最初は、信頼関係ができていない状態であり、各部署では自分の陣地に土足で入られるのではないかという懸念を抱きがちです。何しろバイヤーにも独自商品を開発する権利があるわけです。明らかに職務がバッティングしています。だから、商品開発部が自分の領域で商品開発したいと言い出したら、バイヤーからすると、いい印象を受けません。その溝を乗り越えて信頼関係をつくるまでが大変なのです。

この状態からどう道を拓《ひら》いていくかです。ここは伝達設計にも関わってくるところですが、ひとつだけポイントを挙げるとすれば、各部門にあるそれぞれの課題に注目することです。惣菜にしてもグロッサリーにしても、たとえばマネージャー層になれば、これから改善していくべき課題を抱えています。しかし、なかなか全部の課題には手が回りません。仮にグロッサリー部が「駄菓子をもっと活性化したい」と思っていても、バイヤーのリソースから考えて、あまり重要でないアイテムの開発までやっている時間はないでしょう。

商品開発部としては、そういう状況をうまく捉えて、各部の課題解決のお手伝いをするという形にすることで、商品開発を許可していただけるわけです。

先方から、手が回らないので商品開発部で開発してほしいと言われるのなら、やりやすいのですが、実際はその逆のことが多いです。そのため、信頼してもらうには、潜在ニーズが顕在化するようにプレゼンする能力が必要になります。

仮定の話として、たとえば鮮魚部でエビフライやアジフライ、カキフライといったフライ系の商品の品揃えが何もなかったとします。そういう状況であっても、新しく配属されたばかりのマーチャンダイザーが年上の鮮魚の担当部長に、フライ商品をつくったほうがいいと指摘したら、きっと嫌な顔をされることでしょう。これは実話ではなく、あくまで仮の話ですが、とかく、まだ仲がよくないときには、何かにつけてそういう反応が起きがちなのです。

実績がないうちは、まずマーケットを調べて、いろいろなデータを使って順序立てて説明をし、相手の顔を立てながら、遠回しに話を持っていかないといけません。

企画した商品がだんだん売れ始めてくると、それに合わせて信頼関係も構築されていき、こちらの提案を素直に聞いてくれるようになります。さらに仲がよくなると、こちらの商品開発に協力的になってくれて、頼み事にも快い返事がもらえるようになります。

最初からまわりを巻き込まないと失敗する

このスーパーではもう10年近く商品開発部が存続していますが、それだけ続いているのは結果を出してきたからだろうと思います。結果を出せたのは、社内コミュニケーション能力が高い人がその部署にいたからだと思います。

どこか1社でうまくいっていることがあれば、業界他社も真似しようとします。たとえば社長直轄の商品企画部や営業戦略部や横断プロジェクトという名称で、横断的な商品開発を行う部署をつくるわけです。しかし、その後の動向を見ていると、あまりうまくいかずに、何年かすると消えてしまうことが多いようです。

要は、縦割りになっている各部門の一人ひとりと横断的にコミュニケーションを取りながら商品開発ができるような人は、世の中にそうそう多くはいないということです。そういう人がいないと、どうなるでしょうか。きちんとバイヤーの了解をもらわずに勝手に商品をつくり始めてしまい、気を悪くしたバイヤーから反対意見が出て、最終的にはその商品開発は取りやめになってしまうでしょう。おそらく似たようなことはスーパー業界だけでなく、多くの企業で起きているのではないかなと思います。

新設された社長直轄部門がうまくいかないのは、既存の他部署とコミュニケーションを取る努力をしないで、自分だけで結果を出そうとするからです。私たちの場合はそれを避けるために、企画立案の当初から、他部署とコミュニケーションを取りながら、商品開発に巻き込む努力を続けました。それは開発した商品をヒットさせるためでもありますが、それ以上に、売ってくれる人たちを巻き込まないと、自分が生きていけないことが見えていたからです。

バイヤーの視点から見たとき、最初は、商品開発部が勝手にやっていることだという他人事の認識から始まりますが、それがだんだん、自分たちの数字が上がっていることに気づき、商品開発部の存在を理解してくれるようになります。そうなると、お互いにいい感じの関係性をつくれます。

いったんそういう関係になれば、売場が確保できるので、マーチャンダイザーも楽になれます。ただ、そこまでの関係ができるのは、早くても1年くらいはかかります。そこにたどりつくまでが本当に大変で、だいたいみんなその前に心が折れてしまうのです。

各部門の上役の人とある程度のコミュニケーションができたら、実際に商品開発をする前に、どこかのお店で類似品のテスト販売を実施することも頼めるようになります。きなこ棒も、そのやり方でテスト販売を行いました。

初めてのテスト販売で驚きの結果に！

ある商品のテスト販売を実施するには、担当のバイヤーさんだけでなく、実際に販売するお店の店長さんにも了解をもらう必要があります。

新商品というのは、よい商品ができたから、自動的に置いてもらえるわけではありません。「誰が出したのか」「どの開発者がつくったのか」という部分が大事で、ここでも社内コミュニケーション力が問われます。

きなこ棒の場合、幸いにして、そのあてがありました。

これまで、さば味噌煮やイベリコ豚入りハンバーグを開発した際に、各地で店頭販売をやってきたので、そこで知り合い、お話ができる店長さんが何人かいたからです。

きなこ棒のテスト販売で最初にお願いしたのは、千葉県にある600坪ぐらいのお店でした。いたって普通の、平均日販の標準店（1日当たり平均的な売上の店舗）です。

最初にその規模の店舗にしたのは、余計なバイアスをかけないためでした。大型店や旗艦店だと、商品力ではなく、旗艦店だから売れたと思われるからです。

この店の店長さんは、以前から何かと仲のよかった人で、お願いしやすかったという側面もあります。それまでにも私たちがお願いした企画に取り組んでくれた方で、別の商品の店頭販売もＯＫしてくれていました。このときの反応がよかったのも、私たちのチャレンジを面白がっていたのかもしれません。

テスト販売でこちらから発注量を一方的にお願いするのは問題なので、お店側で決めてもらいました。このときは確か６００袋くらい取ってもらったと思います。これはお菓子としてはかなりの数です。６００袋といっても、テスト販売日の1日分として取ってもらったわけではなく、店長さんとしては少なくとも1週間は売るつもりで注文した数量なのです。

普通、お菓子はそんなに売れるものではありません。私たちも、初日に１００個売れれば十分だと思っていました。

スーパーの場合、一般的に、入口付近は青果コーナーと決まっているのですが、このお店はそれとは反対側にもうひとつ入口があり、きなこ棒の売場はその近くでした。そこが催事スペースになっていたのです。いわゆる逆動線で、お客様が最後に来る場所です。というよりも、実際はあまりお客様が来ないところで、販売上は一番厳しい売場になります。

その一帯をきなこ棒の売場にして、６００袋を段ボールの上に積み上げました。展示のやり方はお店に任せていたので、細かく打ち合わせはしていません。段ボールにそのままお菓子の袋を載せて、後ろは空っぽという形でした。

そして、テスト販売の初日だけ、私たちと鈴ノ屋の小林社長で、きなこ棒の試食販売を行う計画でした。

梅雨のさなかの6月半ばのことで、雨が降っていて肌寒く、お客様も少ない日でした。

このときの試食販売では、小林社長が当日きなこ棒をつくってくれて、試食用に出来たてを持ってきてくれました。朝9時までに店に運ばないと間に合わないので、3時に起きて7時まできなこ棒をつくり、それをそのまま運んできてくれたのです。

売場では、私たちがマイクを持ってアナウンスをし、小林社長は楊枝に刺したきなこ棒をお客様に配って、試食していただく係でした。きなこ棒を1本1本楊枝に刺したのも小林社長です。

いざ販売が始まって、お客様に1本ずつ手渡して試食してもらってみると、味の評判もいいし、その場で買ってくださるお客様も多くて、けっこう売れるという印象でした。

このとき、試食してもらったのは、鈴ノ屋さんが以前から売っていた商品で、その後に開発した独自商品のようなこだわりのきなこ棒ではありませんでしたが、ほぼ無添加で素材を生かしたお菓子ですし、出来たてです。初めて食べたお子さんは「これいいね」とうれしそうでした。年配のお客様は「懐かしい」「最近あまり見なくなったね」という反応でした。

このときは小林社長にとっても初めての試食会で、「その日の朝につくったものを、こんなふうに喜んで食べてもらえたのは初めての経験です」と言って喜んでいました。

結果は、この日の1日で600袋のうち533袋が売れました。これは驚異的な数字です。普通の駄菓子であれば、1日に2、3個しか売れないものなのです。

試食をやってお客様一人ひとりに声をかけないと、催事場を設けていても売れるのは1日に30～40個か、多くて40～50個くらいでしょう。それが試食販売とはいえ1日で500個以上ですから、普通だったらありえない販売量です。

試食は閉店まではやりませんでした。朝9時から夕方5時半くらいまで実施して、気がついたら売場にほとんど商品がなくなっていました。「次の分を発注していないので、明日、何も置くものがなくなってしまう」と店長に言われてしまいました。

残りわずか70個ですから、閉店まで続けていたら確実に売り切れていたでしょう。

自分がつくったお菓子が1日で何百個も売れたというのは、小林社長にとっても驚きの体験だったと思います。

試食会はその日1日だけでしたが、店長はその後もすぐに300袋を発注してくれて、それから1週間くらい催事場できなこ棒を販売してくれました。こんなふうに駄菓子を大きく展開するスーパーを、私たちはこれまで見たことがありません。

旗艦店ではどれだけ売れるのか？

2回目の試食イベントは、7月初めの大型店での試食販売でした。今回はこのスーパーの旗艦店で、売場面積も約800坪と広く、売上もよいお店です。

このときの試食販売では、旗艦店でどれくらい売れるのかを探る狙いがありました。きなこ棒を試食販売したときの店長は、かつて私（近野）がここで研修したときも店長だった人で、顔見知りなのでお願いしたら、快く引き受けてくれました。「どうせやるなら2000個くらい取ってやりましょう」と店長に言われ、お言葉に甘えて2000袋発注していただきました。

当日の朝、お店に行ってみたら、入口近くの目立つところに普段はクッキングサポートというスタッフがおかずを考えるコーナーがあるのですが、そこがきなこ棒の売場になっていました。そのあたりのスペースがきなこ棒で一面埋まっています。展示のやり方は店長にお任せしていて、朝行ったら売場がそんなふうになっていたのです。入った瞬間、「すごいな」と驚きました。気合を入れて、駄菓子とは思えない売場をつくってくれました。

普通のきなこ棒の袋は10本入りですが、この日は試しに50本入りの箱のセットも準備しました。箱買いすると、家に戻って一家で楽しめます。それを50箱くらい用意したのです。

このときも小林社長と私たちで試食販売を行い、私たちがマイク担当で呼び込みのアナウンスをして、小林社長は試食用の楊枝付きのきなこ棒を手渡しで配りました。今回は、そこの売場だけでなく、お菓子売場にも、もうひとつ同じぐらいの広さの売場を設けて、そちらでも二人のスタッフが売ってくれました。

そちらの二人は、実はスーパーの社員ではなくて、問屋さんから手伝いに来てくれた人たちです。前回の試食販売の成功があったこともあり、鈴ノ屋さんを担当している問屋さんのスタッフが「ぜひ一緒にやらせてください」と言って協力してくれたのです。だから4人体制で、2カ所に分けて試食販売をすることになったわけです。

このときは最大の数量を狙いにいったケースです。前回との大きな違いは動線にあります。前回の店では青果の逆側の一番よくない売場だったのに対して、ここは本当のメイン売場で、お客様が必ず通っていくところに催事場を設けました。スーパーはどこで売るかでほとんど勝負が決まる面があります。しかも、ここを通って気づかなかったら反対側で拾うという二段階の作戦で、入口近くの催事場以外に、お菓子の売場でも同じくらいの広さの催事場を設け、そこにも二人の販売員を置いてエンド展開をしました。

ここでの試食販売は、朝9時から夕方5時半くらいまででしたが、途中からは試食にお客様が列になって並ぶ状態になりました。行列にはお子さんもいましたが、お母さんたちも並んでいました。放送でアナウンスをすると、次々とお客様が来てくれて、途中、行列がすごい長さになったこともありました。

このときはあまりにも売れすぎて、途中から楽しくなってきて、お昼も食べに行かずに続けました。

平均日販の店舗であれだけ売れたのだから、旗艦店ならその2倍はいくのではないかという希望的予測は持っていましたが、この日は最終的に1500袋くらい売れました。これも1日の数字です。前回の2倍以上で、想定以上の結果になりました。

店長もびっくりしていました。お菓子が1500個も売れるなんてことは、それまでなかったからです。私たちの小売業人生でも、お菓子が日に1000個以上売れるなんて考えたこともありませんでした。この日のきなこ棒は、お店で一番の売れたアイテムになりました。

どんなお店でも売れるとわかって信頼関係が生まれた

私たちとしては、この展開に、きなこ棒というよりも、このスーパーの底力を感じました。

これまで私たちはコンビニでも派手な売場をつくりましたが、お店がここまで力を入れて販売してくれるという考えは、私たちの頭の中にはありませんでした。

それだけでなく、お菓子メーカーの人、それも社長本人がスーパーの売場に立って商品を売ること自体、それまでなかったことでした。試食販売では、販売員として派遣のスタッフを雇うことが多いのです。しかも、このときは問屋さんまで一緒に来てくれました。

普通なら、問屋さんが売場に立つことなどありえません。このとき、試食販売に協力していただいた問屋さんでは、このときの試食販売を「きなこ棒事件」と呼んでいると伺いました。ここはお菓子業界でトップの問屋さんですが、そこに激震が走ったわけです。きなこ棒自体は、問屋さんなら誰でも知っている商品でしたが、いまだかつてそんなに売れたことはなく、お菓子がそこまで売れるという概念自体がなかったのです。

メーカー、問屋、小売、デザイン会社が一体になったプロジェクトで、その意味ではずいぶんいろいろな方を巻き込んでいました。

最初はそこまで乗り気ではなかったバイヤーさんたちも、旗艦店での試食販売のあとは、ナショナルブランド（NB）でもいいから置いたほうがいいと考えてくださるようになりました。それでも私たちは果敢に9月まで試食販売をやり続けました。

その次に試食販売したのは、このスーパーの本部がある地区の旗艦店です。

さらに、その次の店は新興住宅地にあり、まだできて間もなく、日販（1日の売上）もあまり高くないお店でした。このとき、私たちは参加せず、小林社長と問屋さんが売場に立ちました。結果は、日販のあまり高くない店舗でも350袋くらいは売れました。

その次は北関東の県境にあるお店です。600坪ほどの小さな店で、それほど日販は高くないのですが、商品の販促をすると、反応があるというお店でした。ここが最後で、この店舗では1000袋ほど発注してくれて、1日で714袋も売れました。

こうなるとバイヤーさんも一切異論はありません。どんなタイプのお店でも売れたのですから、オリジナル商品を開発していこうという流れが自然にできていきました。

ここまで「現地・現物・現実」に踏み込んだ仕事ができれば、突破力も増していきます。

みんなに納得してもらうためのコツ

試食販売を使ってお店を巻き込むのにもコツがあります。

一例を挙げると、このときの試食会は5店ともすべて地区が違っていました。ですから、それぞれ異なる5地区の担当部長さんに許可をもらっています。たとえば、私たちと仲のよい特定の店だけでやっていたら、「あの地区だから売れたのに違いない」という疑いの目で見られてしまうでしょう。なるべく平等に、多くの担当部長さんに許可をもらって、全体でやるように考えて展開したのです。

その後、オリジナル商品が出たときに爆発的に売れたのは、ナショナルブランドであれだけ売れたということが各地区に知れ渡っていたことが大きかったと思います。オリジナル商品が出たときに、「あのときバカ売れした商品だから絶対に売れる」という雰囲気になるように試食販売で下地をつくったことになります。

とはいえ、私たちとしても、5回の試食販売をすべて違う地区でやったという経験は、あとにも先にも、このときしかありません。普段からみんな忙しいので、ここまで人を集めて、愚直にイベントをやり続けるのは簡単ではないからです。

何事にも「想い」を伝える情熱が不可欠

ここまで見ていただいたように、マーチャンダイザーにとって社内の説得は大きな壁です。私たちはいまも、お世話になったこのスーパーの人たちと定期的に会っていますが、以前のチームのメンバーに話を聞くと、最近はなかなか新しい商品の企画が通らないと言われます。マーケットの変化が激しくて、バイヤーさんから却下されてしまうこともあるそうです。この間もそのような相談に乗り、「ぼくも何度もダメ出しをされている。そういうときこそ知恵が必要だ」と話してきたのですが、なかなか簡単にはできないようです。

これまで目にしたことがない商品を見たときのバイヤーさんの感想は、たとえていえば、ボタンがたくさんある折り畳み式の携帯電話を使っていた時代に、初めてｉＰｈｏｎｅを見た人の印象に似ていると思います。「こんなに画面ばかり大きく、ボタンひとつで大丈夫なのか」と不安に感じたのではないでしょうか。それまでにないようなものが生まれたときは、その道のプロであればあるほど、そういう反応が出るものです。

当たり前ですが、そこを突破していかないと大ヒットは生まれません。一度却下されて、それで終わりというくらいの志であれば、むしろやめたほうがいいのです。「どうしてもこれをやる」という強烈な意志がないと、結果につながらないからです。

そこは、営業マンであれ、経営者であれ、みんな同じではないでしょうか。なんとしても世に出したいという強い「想い」は、現状を変えていくために、どんな仕事においてもなくてはならないポイントなのではないかと思います。

世界観を共有して一緒に数字をつくる

社内を巻き込む伝達方法として大切なことは、どういう商品・サービスの世界観を共有したいのか、ということだと感じています。

私たちは、いま、多くのバイヤーの人たちを相手に講座をしたり、商品開発の相談を受けたりしているのですが、悩んでいる人の多くは、何のためにやっているのかという「そもそも」の部分が目に入らなくなり、目の前のことだけを一生懸命やっている印象があります。そういうふうになってしまうと、いったい自分が何をやっているのかがわからなくなって、ますます悩んでしまうのでしょう。

これはバイヤーだけでなく、店長さんたちも同じです。店長さんも目の前の数字に追われるようになってくると、精神的に追い詰められてしまいます。バイヤーも目の前の数字に追われるようになると、アイデアが出なくなってしまいます。

「何のために、どういう世界をつくっていこうとしているのか?」という問いは、壮大なことですが、実は大切なことなのです。たとえば、これを登山にたとえると、目的は、山の頂上に到達して、いままでにはない世界観を知り、感動する人生を送るということになるかと思います。目標は、山の頂まで到達することになりますし、手段は、各人に登り方を任せるというイメージです。それをきちんと伝えられる人が、プロジェクトもうまく進めていけると感じています。目指すべき世界を示してあげることは、商品開発にかぎらず、どんなプロジェクトでもまず大事なことなのです。

きなこ棒の場合でいえば、次のような世界観です。

「きなこ棒という駄菓子を通じて、駄菓子のマーケットを変えていく。〝駄菓子というのは実は健康的な食べ物〟という概念チェンジの取り組みを、まずうちのスーパーからやっていきたい」

そのために商品をつくりましたが、それを売るのは現場のみなさんなので、この世界観を共有しながら協力をお願いしました。それに、店長たち現場のスタッフが共感してくれたのだと思います。

その共感を得るために、私たちがどこまでわかりやすく伝えられたかはわかりません。それでも、いかにわかりやすく伝えるかを常に意識し、そのための努力をしていくことが大事なのではないでしょうか。

売り手であるみなさんに、どこを目指しているかという世界観を示したら、次に、具体的にどういう商品なのかをきちんと見せる必要があります。それには「原料・配合・工程」、さらに「パッケージ（デザイン）」という基本的な要素をわかりやすく伝えることです。その後に初めて、みなさんに売り方をお任せするという段階に至るのです。

こうした考え方は、ブランディングで私たちがこだわっている「チームで世界観を共有する」「そのために同じ体験をする」という方法論にも通じています。

問屋さんまで試食販売や製造の手伝いに加わってくれたという経験は、私たちにとって初めての経験でした。最後のほうの試食販売では、問屋さんから3、4人も助っ人が来てくれたのですが、きなこ棒のプロジェクトがひととおり終わったあと振り返ってみると、そこまで熱い取り組みができたことはいまだにありません。

商品開発であれ何であれ、ひとつのプロジェクトを大勢で進めていくときは、やはり、そういう熱くて泥くさい部分があってほしいものです。それは、これから若いバイヤーさんたちがやっていくことでしょう。この本がそのきっかけになればうれしいと思っています。

シリーズ化で商品を売る仕組みづくり

バイヤーのミッションのひとつである「儲かるか」の問いに、伝達設計では、どう応えていけばいいでしょうか。

数え上げればいろいろあるでしょうが、ブランディングにおいては、複数の商品がシリーズとして固定ファンをつくっていたり、商品同士がシナジーを起こすような設計になっていたりします。それも売れる仕組みのひとつの視点です。

メーカーでいえば、アップルやソニーなどは、それぞれ熱心なファンを持っています。それはひとつひとつの商品の底に、そのブランドに共通するテイストや哲学が感じられるからでしょう。

小売店の場合であっても、店舗だけでなく独自商品を通じて、それをつくっているお店のファンになるということがあります。大手コンビニなどは明らかに意識して、自社開発商品について独自性のあるブランディングを行っています。「○○プレミアム」や「○○のシリーズ」と銘打ってシリーズを展開し、パッケージにもその会社のオリジナル商品とわかるような表記が必ず入っていて、シナジーをつくり出す構造になっているのです。

反対に、中小企業で多いのが、いろいろな商品を片っ端から出してしまい、統一感やシリーズ感がなく、ブランドとしてシナジー効果がまったく生まれていない状態です。中には、商品ごとのイメージが合わないものをつくってしまい、負のシナジー（アナジー）効果を生んでいるケースもあるかもしれません。

デザインやブランドが利益アップをもたらす

商品や店を見たとき、商品を扱っている企業のイメージがきちんと伝わるようにするのが、ブランディングの基本です。

たとえば色のつながりです。私たちが街でＮＴＴドコモ、ａｕ、ソフトバンクという携帯電話のキャリアを探すとき、各社の店がすぐ識別できるのは、３社それぞれがコーポレートカラーを統一して展開しているからです。

ユニクロであれば、東証１部（現東証プライム）上場を目指していた１９９８年から99年頃、広告会社を起用して本格的なブランディングを開始し、ファストファッションとしての世界ブランドを確立していきました。その後、コーポレートカラーを彩度の高い「赤」で統一し、ブランドロゴにも商品名にも連動して入れるようにしています。

ユニクロは製品のカラーもシーズンごとに数色に絞り、色のつながりを企業としてきちんと整理しています。アイテム数とカラー数の絞り込みによって、１アイテム、１カラーあたりの発注単位を大きくすることで、原価の引き下げにつなげているのです。

ここではカラーコーディネートが、「儲けるための仕組み」になっているわけです。

■ブランドの対象と主なブランドの種類

ブランドの対象	ブランドの種類	例
製品	商品ブランド	ネスカフェ、ビオレ
	ファミリーブランド	iPhone、キットカット
サービス	サービスブランド	スターバックス、YouTube
組織	コーポレート（企業）ブランド	Apple、ファーストリテイリング、トヨタ自動車
事業	事業ブランド	ユニクロ、セブン-イレブン、レクサス
成分、技術	成分、技術ブランド	キシリトール、ゴアテックス
場所・特産	地域ブランド	関さば、松坂牛、京漬物
人物	パーソナルブランド	スティーブ・ジョブズ、イチロー、カーネル・サンダーズ

下層商品のお客様の評価が、
上層商品の評価につながっているか？
シナジーを起こせる設計があるか？

・色のつながり？
・名前のつながり？

コーポレート（企業）ブランドから商品ブランドまで、
お客様に一貫した印象を与えるように設計する必要がある

※参考：一般財団法人ブランド・マネージャー認定協会『ベーシックコーステキスト』「ブランドの種類」

第4章

差別化はほんの小さな点でいい

――売れる秘密④　少しの工夫で「ほかにない」が競争力になる

「原料・配合・工程」で差別化する

第1章の冒頭で、ヒット惣菜を考えたバイヤーの事例を紹介しました。そこでは、「新商品というと、新しさや奇抜さに目が向いていましたが、王道のカテゴリーで基本商品の掛け合わせからヒットが出ることを学ばせてもらいました」という感想を言っていました。「ほかにない」というのは、まさにそういうことなのです。

食品でいえば、これまで知られていなかった食材や、知られていなかった味付けが見つかれば、それは確かに、これまでにないような商品になるでしょう。しかし、それだけが「ほかにない」商品ではありません。ここまで見てきたように、添加物が多いイメージだった駄菓子から添加物をなくせば、それは「ほかにない」商品になりますし、これまで香りの感じられなかった紙パックのアイスコーヒーの「原料・配合・工程」にこだわって、よい香りのものを出せば、それもまた「ほかにない」商品になるのです。

王道の食材や王道の味付けでも、これまでにありそうでなかった組み合わせを見つけ出せれば「ほかにない」新商品になります。和の食材の組み合わせでできた「きなこ棒」が爆発的に売れたように、むしろ、そうした王道同士の組み合わせの商品のほうが、大ヒットにつながりやすいのです。

先に「原料・配合・工程」を工夫したカステラの話をしました。このシリーズは人気があって第2弾、第3弾と続いたのですが、そこでも定番食材の組み合わせで、これまでほかになかった新商品を開発していきました。

第1弾が「純粋はちみつカステラ」で、第2弾は「宇治抹茶カステラ」です。第2弾は「カステラ×宇治抹茶」という和の組み合わせになっています。第3弾は「黒蜜きなこカステラ」で、こちらは、きなこ棒でも使われている黒糖ときな粉による「カステラ×黒糖×きな粉」の組み合わせになります。いずれも「添加物不使用」を謳っています。

シリーズ第6弾では、期間限定でサツマイモと組み合わせた「ほかにない」カステラを発表しました。「安納芋カステラ」です。カステラは昔からあるお菓子であり、サツマイモは昔から親しまれてきた食材です。サツマイモは20～40代の女性100人へのアンケートで「好きな秋の味覚」の第1位に選ばれたりもします。おいしいと同時に、秋という季節を感じさせてくれる食材でもあります。その2つを組み合わせたのです。

ここで選んだ原料が安納芋になります。もともと種子島特産のサツマイモで、ねっとりとした食感を持ち、加熱すると糖度が40度近くまで上がり、まるでクリームのような味わいになります。なぜ安納芋なのかというと、「糖度が高く、甘くておいしい」「お菓子に向いている材料」という特徴に加え、「ブランド力があり、名前が広く認知されている」というポイントがありました。

また、味に独特のコクが出る発酵バターも、フランスなどヨーロッパの洋菓子ではなじみの食材ですが、和菓子と組み合わせた例はあまりありません。開発当時、「サツマイモ×発酵バター」を使ったカステラは世の中にはまだありませんでした。そして、さらなる差別化のために、発酵バターも国産を採用しました。こうして「ほかにない」独自の自社開発商品が完成したのです。

このような定番の味や材料を使って「ほかにない」を生み出すための方法論として非常に有効なのが、これまでも紹介してきた「原料・配合・工程」という因数分解です。

バナナは1本でも売れる

さて今度は、少し変わった方法で「ほかにない」を実現したケースを紹介しましょう。それは序章でも紹介しましたが、私たちがコンビニで商品開発をした「バナナ」です。

バナナは昔からある王道の商品で、知らない人はいません。そして私たちが開発したバナナも、バナナであることに変わりはありません。それでも、「フィリピン産高地栽培バナナ」は、いまだかつて「ほかにない」商品でした。それは、このバナナが「1本で売られたバナナ」だったからです。

それまでバナナは房で売られるもので、「1本だけで売る」という発想は一般にはありませんでした。いまもスーパーでは、1本入りのバナナはほとんど売られていません。この売り方は、私たちが前面に出して商品化したものです。フィリピンのミンダナオ島まで行って、山賊に襲われる心配をしながら現地を視察して開発した商品なので、とても想い入れがあります。

このコンビニでは自社開発商品のシリーズが人気で、シリーズ開始から5年ほどたった頃、そこに生鮮食品を加えようという企画が出てきました。当時は「コンビニ店舗は飽和状態」「成長に陰りが出てきた」と言われていた頃です。コンビニの使われ方として、以前はお弁当がよく売れていたのが、だんだん買う人が減ってきて、食品の売上がなかなか上がらなくなっていました。そこで、これからは青果や生鮮も取り扱っていくことになったのです。

そのような流れで果物を担当し、バナナの開発を担当することになったのですが、実はバナナはそれまであまり好きではなく、たまにしか食べたことがありませんでした。商品開発をするとなると、そんなことは言っていられません。バナナをいろいろ食べ比べたところ、そこで意外なほど味の違いが大きいことを知りました。

それまで、どれも同じだろうと思っていたのですが、とりわけ高地、山の上でつくったバナナと、低地の平地でつくったバナナとでは味が全然違うのです。それは、丹波篠山の黒豆が甘くておいしいというのと同じで、高地のほうが昼夜の寒暖の差が大きくて、バナナも甘くおいしくなるからです。

同じフィリピン産のバナナでも、標高500メートル以上の高地で育ったバナナと、海抜0メートルくらいの平地で育ったバナナとでは、甘さがまったく違います。スーパーの特売で売られているような安いバナナは、どれも平地でつくられたもので、標高の高いところでつくられたバナナはやはり価格も高くなっています。高地でつくられたバナナは生産量も少なく、これまで日本ではあまり売られてきませんでした。

そこで、私たちは、値段が高いのであれば1本で売ってみたらどうかと考えたのです。ちょうど世の中で健康志向が強くなっていた時期でもありました。バナナは健康にいい食べ物と言われています。とはいえ1房をまとめて買っても、一人暮らしだと食べきれませんし、職場にも持っていけません。となると、いまのバナナの売り方は、お客様にとって不便なはずです。このお客様にとっての「不」を解消していくことこそ、商品開発の基本かなと考えました。

理解してもらえなければ、現地に行くしかない

バナナ1房では食べきれない。だったら1本ずつ売れば、これまで買わなかった人が買ってくれるのではないか。そう思って青果問屋に行き、1本ずつのバナナを売ってもらえないか相談したのですが、手間のかかる売り方はできないと断られました。

お客様は1本で食べたいと思っていることをいくら説明しても、どこもバナナの1本売りはしていない状況だったので、なかなか理解してもらえません。

青果問屋に続いて、コンビニと同じ系列のスーパーのバイヤーさんたちとも話してみたのですが、やはり同じ反応でした。

問屋もバイヤーも扱ってくれないのであれば、あとは産地に行って生産者を説得して1本にしていただき、直接仕入れるしかありません。私たちはそう考えて、フィリピンへ向かいました。

この1本売りのバナナでは、普通のバナナとの品質の違いを打ち出していく予定でした。標高500メートルよりも高いところでつくっている〝高地栽培の甘くておいしいバナナ〟をア

ピールしようと考えました。そのため、山の上でバナナを栽培している農園を訪ねたわけです。その農園があったのがフィリピンのミンダナオ島でした。

現地でバナナ農園を見学して驚いたのは、乗った車の前と後ろに警備がついたことでした。ミンダナオ島はフィリピンではルソン島に次いで大きな島ですが、治安がよくないことで有名だったのです。

バナナ農園には飛行場のある大都市のダバオから車で4時間半くらい山道を走り、山を3つほど越えて行きます。その道中が危険です。出発するときに、昼3時までにダバオに戻ってこないと、山賊に襲われると脅かされ、「命がけだな」と思ったものでした。このとき私たちは、高地でバナナをつくる大変さを、現地で見て初めて知ることになりました。

目的の500メートル以上の高地でバナナをつくっている農園に行ってみると、なるべく日当たりをよくするために、あえて急斜面でバナナを栽培していました。作業員がバナナの木に向かってタンカのような荷台を担いでいき、それにたくさんのバナナを積んで、高いところから滑り下ろしていきます。収穫するだけでも過酷で危険な作業です

が、それをフィリピンの人たちがやってくれるのです。これを見て、値段が高いのも当然だと思いました。

高地バナナ栽培の現場に見学に行く際、カメラマンに同行をお願いして、現地の様子を動画で撮ってもらったのですが、その動画を後日、コンビニ加盟店のみなさんに見てもらいました。このときの映像を見て、ほとんどの店主さんたちは、バナナが黄色い実で木になっていないことに驚いているようでした。実際にはバナナは、まだ青い実のうちに収穫します。この青い状態のバナナを割って食べると、ヘチマみたいな味がします。それを収穫後に黄色くなるまで追熟させると、甘くおいしくなるのです。

こんなことは青果のバイヤーであれば知っていて当たり前のことですが、多くのお客様は知りません。この知のギャップこそ、お客様にとっては新たな体験・知識になるのだと思います。

今回の高地栽培バナナについては、コンビニで直接仕入れることになったので、追熟機能を備えた保管用の倉庫をそのために用意し、お店に送るときには完熟のおいしい状態にして渡すよう、準備を整えました。そして「フィリピン産高地栽培バナナ」という名前で、青果の独自商品として発売したのです。

ちょっと視点を変えることで「違い」が生まれる

この「フィリピン産高地栽培バナナ」は発売当初から大きな反響がありました。その中には、あまりに売れ行きがよすぎて、予想外のトラブルも起きました。

発売からしばらくして、出社のために通勤ラッシュの電車に乗っていたところ、携帯電話に副社長から電話がかかってきたのです。通勤電車の中でかかってきた電話といっても、副社長からですから、まわりに迷惑がかからないように声を小さくして電話に出ました。電話の用件は、バナナの問い合わせが本社に大量に届いて大騒ぎになっているということでした。

実はこのとき、バナナの発注が多すぎて追熟が間に合わなくなり、倉庫で青い状態のバナナを店に出荷してしまったのでした。各店舗から「商品案内の色と違う」という問い合わせが本部に殺到したのです。あのときは大変でした。1週間ほど、この件で手いっぱいになり、何度お詫《わ》びの連絡を入れたかわかりません。

おかげさまで、このバナナはその後も売れ続け、噂に聞いたところでは、いまでは発売当時よりもさらに多く売れているということでした。その後、商品名が何度か変わったようですが、いまでも売れ続けているという意味では、新しいマーケットができたと思っています。

このバナナに関しては、少し残念なことがありました。こちらの苦労を知らない人たちから「バナナを1本だけ売るようなものは商品開発ではない」と理解してもらえない部分があったことです。

確かに、はたから見れば、房で売っていたバナナを1本単位で売るようにしただけに見えるかもしれません。ただ、それを全国規模で行い、潜在的な商品の魅力を消費者に気づかせるようにするのは簡単なことではありません。一定の品質のバナナを北海道から九州まで全国に届けるという、どこのコンビニでも行っていなかった流通ルートまで開拓したのです。

小さな違いかもしれませんが、それはまだ誰もやったことのないチャレンジであり、その結果、生まれた商品は、それまでどこにもなかったものだと言えます。だからこそヒットしたのです。

いま振り返ると、あのときのバナナは、私たちがいま行っているグローバルな視点での「現地・現物・現実」の商品開発の第一歩でもあったように思います。産地へ直接出向き、品質のよい材料を確保し、値ごろで提供する。そういう商品開発のやり方は「フィリピン産高地栽培バナナ」からスタートしたのです。このバナナの商品開発では、コンビニで社長賞を受賞しました。そのときの賞状は、いまでも大切にしまってあります。

「ほかにない」商品の開発は、そんなふうにちょっと視点を変えることから生まれてきます。私たちが「気づきの力」が大切だと言うゆえんはここにあります。

自社にある強みを生かした「イベリコ豚入りハンバーグ」

独自化の例として、スーパーの独自商品として開発した「イベリコ豚入りハンバーグ」をご紹介しましょう。これは、私たちがスーパーの商品開発部で、さば味噌煮の次に開発した商品です。

ハンバーグについては、それまでも大手食品メーカーさんが温めるだけで食べられる簡便なハンバーグを発売していましたが、このスーパーではどれもあまりよい結果が出ていませんでした。そのような中で、私が精肉部のバイヤーさんに、温めるだけで食べられる398円のハンバーグを考えていると話したのです。

しかし、即座に「スーパーでは398円のハンバーグは売れない。298円だったら売れるかもしれないけど」と言われました。

その前のさば味噌煮の経験もあって、スーパーでも簡便商品の需要があることはわかっていました。温めればいいだけのハンバーグがこれまで売れなかったとすれば、それは価格とボリュームとおいしさのバランスが合っておらず、「値ごろ感」がなかったからではないかと考えていました。

確かに298円なら売れるかもしれませんが、「安かろう悪かろう」という商品はつくりたくありませんでした。それをすると、このスーパーの独自商品全体のイメージを悪くしかねません。

398円であっても、内容がそれ以上であれば付加価値が出て、「値ごろ感」も出るはずです。これまでの売れなかった商品と何か差別化する方法はないかを考えながら、精肉の売場を見渡していたとき、ふと「イベリコ豚」という名前が目に入ってきました。

イベリコ豚は、普通の豚肉に比べて、とろけるような脂が特徴で、味はおいしいのですが、値段の高いお肉です。スーパーで扱える値段ではないということで、当時はほかのスーパーにはあまり置いていません。ところが、このスーパーの精肉売場には、その高くて売りにくいはずのイベリコ豚がたくさん置かれていたのです。

不思議に思って精肉担当部長さんのところに行き、売れている秘密を質問してみました。この精肉担当部長さんの見た目は、少しコワモテ風でしたので、この質問をするのはかなり勇気がいることでした。すると、精肉担当部長さんは「あれは、おれが仕掛けたんだ。ゼロからイベリコ豚を育ててきた」とおっしゃるではありませんか。

「育ててきた」というフレーズは、小売業では聞き慣れないかもしれません。実はこのスーパーには、最初は売れなくても我慢して少しずつ販売を増やして育てる、という育成文化がとても強く根付いているのです。

馬刺しもそうでした。最初はあまり売れなかったけれども、我慢して育てていって、いまでは父の日や年末などに、日本で一番というほど売れているそうです。それは単に売場に置くだけでなく、試食販売をしたり、レシピを提案したりといった地味な努力を積み重ねていった結果です。

イベリコ豚も同じで、ただ精肉を売るだけではなく、どう料理するかも研究して、夏の時期にも「ぜひイベリコ豚を冷しゃぶで食べてみてください」といったお勧めをして、ファンを増やしていったそうです。そうやって、その担当部長さんが何年もかけてイベリコ豚という食材のマーケットを育ててきたのです。

すべては、基本理念に沿って「豊かで楽しく健康的な食生活提案型スーパーマーケット」を充実させるためです。

この話を聞いて、イベリコ豚を使ったハンバーグを思いつきました。世の中のハンバーグのほとんどは牛肉をベースにしてつくられています。私たちが開発に関わったコンビニのハンバーグも牛肉メインでつくっていました。でも、せっかくこのスーパーのオリジナルハンバーグをつくるなら、売場の特徴でもあるイベリコ豚をメインに据えることが差別化になるはずです。

精肉担当部長さんにその話をすると、かなりの好感触が得られました。おそらく、イベリコ豚のジューシーな脂はハンバーグにも合うはずという、これまでの販売経験からくる自信があったのだと思います。何度も話し合ううちに、素の笑顔の精肉担当部長さんと接するようになりました。コワモテというこちらの思い込みとは正反対の、人懐こいオーラに包まれた方でした。

精肉担当部長さんから承諾をいただき、イベリコ豚入りのハンバーグという新商品の開発に取り組むことになりました。

イベリコ豚で「原料・配合・工程」をどう工夫するか

この時点で、「原料・配合・工程」のうち、幸先よく「原料」で違いを出すことができました。次は「配合・工程」です。どう調理して、どう味付けするかを決め、かつ予定している価格である「398円」にコストを合わせていかねばなりません。

「現地・現物・現実」の観点からも、実際に見に行ったほうがいいと考え、イベリコ豚の産地を訪問したいと考えました。生産地を確認してみると、なんとスペインだというのです。思っていたよりも、かなり距離のあるところでした。それでも、商品開発のためには、イベリコ豚がどこでどのように育てられているのか見ておきたかったので、副社長に出張を直訴しました。すでに精肉部で生産ルートを築いているわけですから、普通の会社だったらこの海外出張は認められないかもしれません。このときの副社長は、「現地に行って、形にしてこい」と、むしろ後押しをしてくれました。

イベリコ豚は脂が低温で溶け、さらっとしていて後味がよいのが特徴です。とりわけ、このスーパーで扱うイベリコ豚は、脂に含まれるオレイン酸の量が一般的なイベリコ豚と比べても多いそうです。それは飼料の質がよく、ストレスの少ない環境で、のびのびとたくましく育っているからだといいます。

実際に、スーパーに出荷しているイベリコ豚の養豚農場に見学に行ったのですが、現地に着いても広大な森と草原が広がっているだけで、豚は見当たりません。案内してくれた方は「産地はここです」と言うのですが、目の前には何もありません。

そのとき、飼育している農家の人が豚を呼ぶ笛を吹いたのです。そうしたらイベリコ豚があちこちから出てきて、一気にその農家の人のところに集まってきました。大自然の中で育っていることが、自分の目で見てよくわかりました。

日本で養豚というと、狭いところで飼われているイメージがありますが、そうではなくて草原があり、どんぐりのなる森があって、どんぐりを食べながら、のんびり育っています。イベリコ豚はそういう豚なのです。

現地でイベリコ豚の特徴をいろいろ教えてもらい、帰国後、「イベリコ豚入りハンバーグ」の開発を始めました。


ハンバーグの材料をすべてイベリコ豚にすると、脂の量が多いので、しつこくなってしまいます。といって、量を減らすと、イベリコ豚らしいうまみを感じられず、ジューシーさも足りません。開発チーム内で話し合いや試作を何度もして、ようやく理想の割合を決めることができました。これが「配合」になります。

「工程」も工夫しました。外側はこんがり焼き上げ、中に肉汁とうまみを閉じ込めて、ふっくらジューシーになるように、粗挽き肉を細挽き肉で包み込む構造にしたのです。

398円というハンバーグの値段は、その金額だけを聞いたら、バイヤーが言うようにスーパーでは高くて売れない価格です。そこで200グラム以上の大きさにしました。これは、1皿2000円くらいのハンバーグ屋さんで出てきてもおかしくない量目です。ソースは和風とデミグラスの2つを用意し、もちろんその味にもこだわっています。

産地の想いや開発チームのこだわりを、試作中も現場の店長さんたちに伝えながら開発を続けていき、2015年秋にこのスーパーの独自商品「イベリコ豚入りハンバーグ」が発売になりました。

この商品は発売当初から大人気でした。私たちは、このハンバーグでも試食販売の店頭に立ってマイク放送を担当しました。高品質なイベリコ豚を使った商品で、このスーパーでしか買えないものだとアピールしたことで、通常の日販の数倍を売り上げ、チルドケースの販売最高記録をつくることができました。

こうやって新商品の発売のたびに店頭販売を繰り返すことで、店舗のスタッフや店長さんとの間にコミュニケーションが生まれ、開発や販売に協力してくださる店長さんも増えてきて、すべてがよい方向に転がっていったように思います。

その結果、それまでゼロだったオリジナルのハンバーグの売上が数億円規模になりました。

発売から8年たちましたが、いまも変わらず売れ続けています。

割引しないから強いスーパーの定番商品

定番商品のいいところは、長期間、安定して売れ続けることです。とりわけ、きちんと差別化ができた商品であれば、ファンがついて同種の商品と競合しにくいので、値下げをしなくても買っていただくことができます。結果として、商品の寿命も長くなります。

商品開発についても、毎年、新しいものをつくり続ければいいというわけではありません。メーカーさんにとってみれば、何年間か同じ製法でつくることができれば、追加設備もいらず、減価償却も進むので利益も出やすくなります。

奇抜な商品を企画開発して、半年に1回のペースで商品を入れ替えていくというやり方では、開発も販売も製造も新製品の対応に振り回されて大変です。

私は、どの時代でも売れる王道なカテゴリーの中で〝ここでしか買えないもの〟は何かを考えながら、差別化した商品開発にチャレンジしてきました。そういう考えでつくったものは、振り返っても、やはり長く売れ続けています。

開発する前は「高い」と言われたイベリコ豚入りハンバーグにしても、お客様がこの品質とボリュームであれば398円でもいいと思っていただけたからこそ、ずっと売れ続けているのです。

さば味噌煮もイベリコ豚入りハンバーグも、これまで値下げをせずに売ってきました。それを可能にしているのが、最初の価格設定で「値ごろ感」を出すようにしたことに加えて、「ほかにない」部分を実現するように商品設計をしてきたことなのです。

震災の復興で生まれた「お米のブランド」

ここからは、ブランディングと伝達設計の話になります。

ブランディングとは、市場にあふれる同種の企業や商品の中から、自社と自社製品を区別して識別してもらうための戦略です。その本質は「差別化」そのものと言っていいでしょう。

私たちが日常的に食べている食材の中でも、お米や牛乳など、定番すぎて差別化が難しいものがあります。

日本人は毎日のようにお米を食べていますが、では、炊いたお米を食べて、産地や銘柄を言い当てられる人はどれくらいいるでしょうか。一般の人はほとんどわからないでしょう。牛乳にしても、加工乳ならともかく、生乳100%の商品の場合、飲み比べて値段や産地を当てることは、普通の人にはまず無理です。

つまり、味や安全性といった機能的価値では、お米や牛乳を差別化することは困難なのです。

それでも各社はパッケージに工夫をこらして、他社の製品から自社製品を見分けられるように努力しています。たとえば、雪印メグミルクさんなら赤い牛乳のパッケージといった形で、他社と比較して自社がどのように目立つのかをしっかり可視化しています。お米の場合は、そうした可視化の工夫はまだ少ないかもしれません。

しかし、たとえ機能的価値で差別化ができなくても、情緒的価値、つまり商品としてのお米によいイメージを付けたり、ストーリー性を持たせることで付加価値を高めることは可能です。

私たちがパッケージデザインを担当した「あ・さ・ひ・ま・つ・光」というお米の詰め合わせセットがあります。これは、小池精米店さんからの依頼で行った仕事でした。

小池精米店さんは東京・原宿で唯一のお米屋さんで、三代目の小池理雄《ただお》さんは「五ツ星お米マイスター」というお米の達人です。「あ・さ・ひ・ま・つ・光」は、小池さんが東北を代表するお米を食べ比べてほしいという趣旨で、東北六県を代表するお米をそれぞれ2合ずつ詰め合わせにした企画商品です。

小池精米店さんは以前から、福島や宮城など東北のお米を多く扱っていました。ところが、つながりの深かったお米の産地で大震災の被害があり、多くの農家やJA（農協）のみなさんが被災してしまいました。そこで、これまでのご恩返しをしたいという想いから、東北のお米を使った新商品を企画することになりました。

そのため、この商品には「東日本大震災で大きな被害を受けた東北地方を支援する」という意味合いが込められています。

ここを足がかりとして、パッケージを考えていきました。

「あ・さ・ひ・ま・つ・光」というのは、少し変わったネーミングだと思いますが、「**あ**きたこまち／**さ**さにしき／**ひ**とめぼれ／**ま**っしぐら／**つ**や姫／こし**ひかり**」というお米の品種の文字をつなげて商品名としたものです。

Pentawardsを受賞した「あ・さ・ひ・ま・つ・光」

このお米の詰め合わせは、お米の業界ではかなりの話題となりました。

「あ・さ・ひ・ま・つ・光」のパッケージデザインは、「ペントアワード（Pentawards）」というパッケージデザインの分野では世界で一番権威があるとされるコンペティションに出品し、そこで銅賞をいただきました。

また同じパッケージが、数十カ国から7000を超える応募が寄せられる「アイエフデザインアワード（iF DESIGN AWARD）」という世界でトップクラスのプロダクトデザインのコンペティションにも出品され、そちらでも受賞することができました。

単にネーミングのおもしろさやデザインのセンスが評価されたのではなく、東日本大震災という未曾有の天災があり、その被災地を日本のみんなで支えていこうというパッケージに込められた「想い」、ストーリー性が、国境を越えて評価されたのだと考えています。

全員で共通の体験をしたことで新たなブランドが誕生

「あ・さ・ひ・ま・つ・光」のパッケージデザインが国際的な賞を受賞したことで、私たちは、お米とデザインを結びつけたデザイン会社として注目いただき、その流れで行った仕事のひとつが、輪島市から依頼のあった「能登輪島米物語」というプロジェクトです。能登半島の輪島市のお米農家さんが9社集まって、お米の詰め合わせ商品をつくるという企画です。

ブランディングのために、最初に9社の農家さんにヒアリングを行いました。お話を伺って気がついたのは、農家さんには意外にも、自分のお米以外はあまり食べたことがない人が多いということでした。それともうひとつ、自分たちがつくったお米のお客様も見えていないようでした。流通に卸してから先の「最終消費者・顧客が誰なのか」にまで視野に入っていないようなのです。

そこで考えたのが、お客様の気持ちになってもらうワークショップ（対話型ディスカッション）でした。この場合のお客様とは、つくったお米を食べてくれる消費者・顧客になります。

農家のみなさんに消費者の気持ちを感じていただくために、お米の食べ比べの企画をしました。プロジェクトに参加する9社の農家がつくったお米をそれぞれ炊飯器で炊いて、みんなで食べ比べてもらうのです。

ブラインドテストで食べ比べをすることにし、名前を伏せて並べました。さらに9種類に加えて、その当時日本一おいしいと言われていた魚沼産のコシヒカリと、スーパーで売っている中で一番安いものも入れ、シャッフルしてみんなで試食しました。

試食のあとは、みんなでディスカッションをしました。そのとき、農家ではなく、お客様の気持ちになってもらうようにお願いして、どのお米が好きかといった話をしてもらいました。

私たちはブランディングでプロジェクトチームを組むとき、全員に共通の経験、というより「体感」をしてもらうことがとても大切だと考えています。自分たちのお米をどう売るかについて話し合うときも、頭だけで考えていると、なかなか議論が深まりません。しかし、何かひとつの共通の体感を持つことでスイッチが入り、新たな視点が生まれてくるものです。

このときは、食べ比べをしたことで、次の共通認識を持つことができました。

お米の味だけを比べると、どのお米もおいしいので、はっきりした差がつかない
ストレートに味だけだと、「能登ならでは」の部分を出すのが難しい

次に、どうするかという段階に入っていきます。そこに進むために、体感を通じて、みんなで共通のステージに一緒に立つことが重要なのです。

このときは、自分たちにしかない部分にこだわり、「輪島のおかず」や「能登の名所」と一緒にお米を売っていくというアイデアが出てきました。もともと「地域を一緒に売ろう」という趣旨から始まったプロジェクトだったので、そこを一歩進めていきました。

「のと里山空港米」「キリコ祭り米」というように、お米の名前にもそれぞれの地域でよく知られる観光名所や伝統のお祭りなどを入れて、「観光のポイント」＋「農家さんの紹介」＋「お米に合う輪島のおかず」というセットで売っていくことにしました。

「輪島の天然塩」「海藻の味噌汁」といった地域ならではのご飯のお供をイラストにし、それぞれのお米を入れた小箱の側面に入れて、それを詰め合わせてパッケージ商品としました。

この取り組みは好評で、「お米とデザイン」という切り口で取り上げられ、日本経済新聞やテレビ朝日の番組でも紹介されたり、一般財団法人ブランド・マネージャー認定協会のコンテストで優秀賞をいただいたりしました。

能登 輪島米物語

おかずで旅する輪島のお米

「地域を一緒に売ろう」をデザイン化して大反響

「他社にない」をきちんと表記する

商品設計で他社にない部分をつくれたら、あるいは、ワークショップなどを通じて自社の強みに気づけたら、それがブランディングのための差別化要素になります。差別化を売上に結びつけるためには、それをパッケージやパンフレット、ホームページなどにきちんと表記していくことが必要です。これは「言語化の工程」と言えます。

以下では、ある稲庭うどんの製造企業さんを例に、差別化要素や独自の強みを言語化するポイントを見ていきましょう。

私たちは、秋田県湯沢市稲庭町にあるうどんメーカー、株式会社稲庭うどん小川さんに声をかけていただき、この会社の事業のリブランディングをお手伝いしました。

稲庭うどんは秋田の名物として有名ですが、同様の乾燥麺である素麺と比べると、マーケットはそれほど大きくありません。乾燥麺の業界には、「稲庭うどん小川」よりもずっと大きなメーカーさんがいくつもあります。

業界大手と比べたときの自分たちの強みや特徴は何かを明らかにしていくために、まずヒアリングを実施し、ブランディングのためのチームを編成して、ワークショップを開始しました。

稲庭うどん小川さんは、鈴ノ屋さんよりも従業員数が多いので、経営層、事務部門、製造部門の人たちを交え、さらに会計士にも加わってもらって、企業横断でブランディングのチームをつくりました。こうして編成したチームで、会社の未来像や自社の強み、製品の特徴などについて話し合い、みなさんの考えを言語化していくのです。

そこで見えてきたこととして、たとえば「油不使用」という稲庭うどん独自の製法がありました。手延べうどんや素麺を生産している乾麺の大手メーカーの多くは、基本的に油を使って

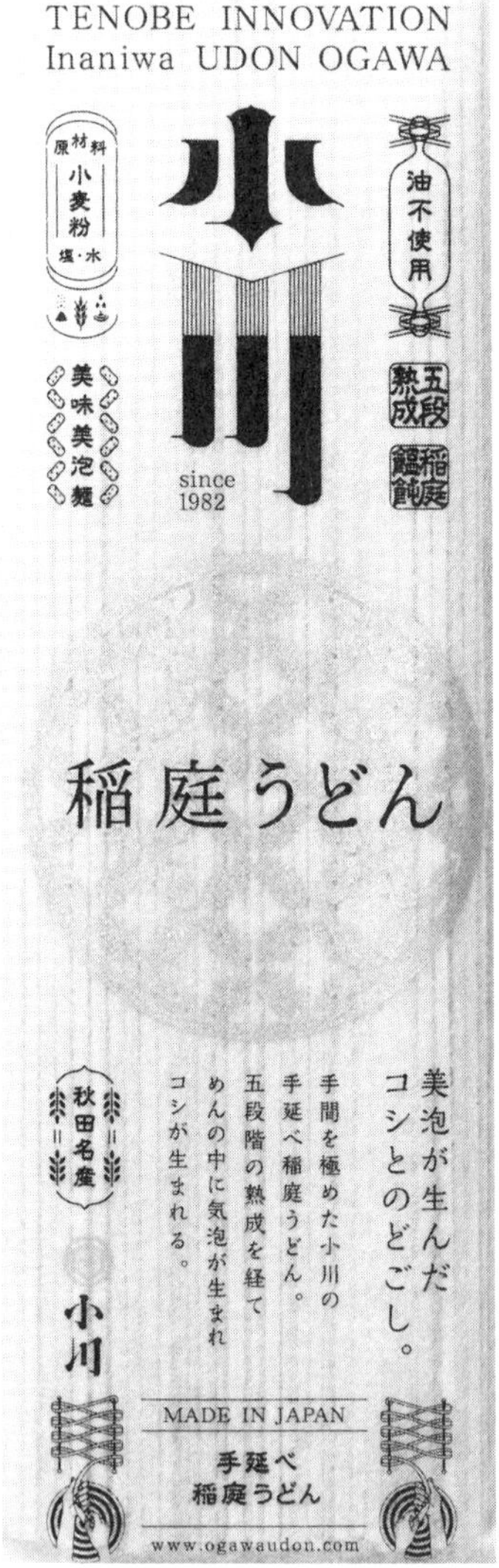

独自製法や特徴をはっきりと見せる

麺を伸ばしていく製法を採用しています。稲庭うどんの場合は、油を使わず、熟成の回数を増やしていくことによって自然に粘度を高め、それを吊るしながら伸ばしていきます。

この製法は稲庭うどんとしては一般的なものですが、これまで業界として訴求してこなかったもので、ディスカッションの中で気づきがありました。

食品の場合であれば、この「油不使用」のように、他社がやっていない製法が差別化のポイントになります。とりわけ、いまのように健康志向の強い時代には、製法にヘルシーなイメージがあったら、それをしっかり言語化して表記することが差別化につながっていくのです。

ブランドコンセプトを体現するデザイン

ブランディングの前半を「自社にあって他社にない強みや独自性などの差別化要素を探り、言語化していく工程」とすれば、ブランディングの後半は「言語化できたブランドコンセプトをパッケージやパンフレット等で表現し、それを社内外に訴えていく作業」になります。こちらは「可視化の工程」と言えます。

ここでは、これまで何度も取り上げた鈴ノ屋さんのケースを見てみましょう。鈴ノ屋さんの場合、ブランドコンセプトは「カラダにやさしい無添加の駄菓子」となりました。

次に、それをキャッチコピーやデザインでお客様に伝わるように表現していくことになります。視覚的なブランド要素を決めていくにあたって、鈴ノ屋さんから、ブランドのカラーはこれまでと共通のものを使いたいという希望がありました。以前のパッケージにも1本の市松模様の帯のようなラインが入っていたのですが、これを継承して新しいパッケージでも採用しました。

私たちのブランディングでは、目を惹《ひ》く奇抜なものをつくるのではなく、会社のDNAを形づくっている歴史的・伝統的な部分を重視し、守りたい部分と進化させていく部分のバランスをとりながらブランドをデザインしていきます。

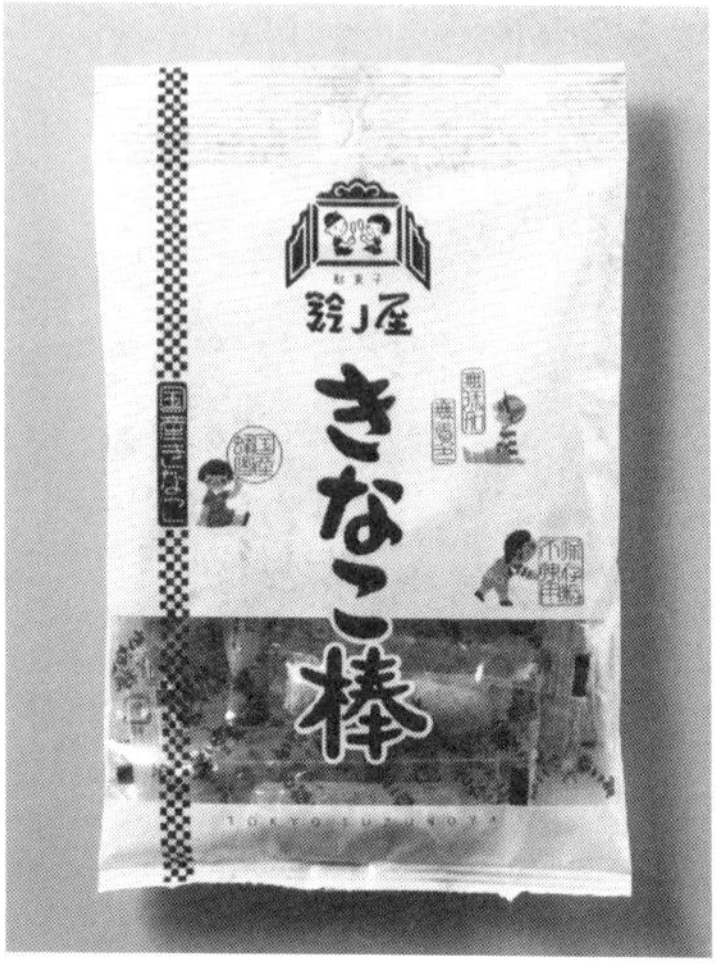

差別化要素を視覚化した新デザイン

きなこ棒の場合、試食販売では小林社長がお客様と直接話をされたこともありましたが、日常的には棚に置かれた商品をお客様が見て、手に取ることになります。つまり、対面で商品の説明はできないので、商品のパッケージや売場のPOPを通じてお客様にメッセージを伝えていかなくてはいけません。

「無添加である」「体によい」あるいは「子どもに食べさせたい」といった訴求したい価値は、パッケージを通してお客様に伝えます。それによって、鈴ノ屋のきなこ棒を「カラダにやさしい無添加の駄菓子」として認知してもらうのです。そこがパッケージデザインの肝になります。

最終的に出来上がったパッケージが前ページの写真になります。

駄菓子
鈴ノ屋

ロゴマーク

繰り返しになりますが、人目を惹くデザインだけで商品や会社を差別化するのではありません。創業以来の歴史といった会社のＤＮＡ、事業や商品に込められた「想い」、そうしたほかにはない部分が企業の独自性であり、差別化の原点になるのです。新しいきなこ棒では、次のポイントに留意してパッケージを刷新しました。

- どこの会社のきなこ棒かわかるように商品名の前にロゴマークを置く
- これまでのお客様が迷わないように、市松模様の帯は踏襲して入れる（鈴ノ屋さんのご希望もあり）
- 無添加、無着色、国産はちみつ、保存料不使用などの顧客にとってのメリットを表記する

学生に人気！　農大のブランディング体験授業

機能的価値ではなく、情緒的価値で差別化するという話について、もうひとつのケースをご紹介します。

私たちは自社での事業以外に、一般社団法人でフードロスを減らす取り組みを行ったり、東京農業大学（農大）で農産物を商品化する講座を受け持ったりしています。お米の詰め合わせのデザインで国際的な賞をいただき、一般財団法人ブランド・マネージャー認定協会で登壇することになったのですが、そのときのオリジナルプログラムを農大関係者が目にしたことをきっかけに、農大の講座を担当することになりました。

農大には、学生が農家や味噌蔵で実際に働くという体験プログラムがあります。現代では農産物も発酵食品も商品ですが、それまでの農大には、商品企画やプロモーションについてきちんと体験できるプログラムがあまりありませんでした。生産工程については学べても、生産したものをどうビジネスにつなげていくのかという商品化の過程を学ばないまま、社会に出ていく学生も少なくありませんでした。

農大の農業体験講座には「多摩川源流大学」というプロジェクトがあり、山梨県小菅村という多摩川の源流部にある農村で、学生が農家と一緒に生産体験する授業がありました。学生がご高齢の農家の方から野菜づくりを学ぶのですが、以前は生産の技術を学び体験することが中心でした。

その講座に私たちが入ることで、生産した農産物（たとえばジャガイモやわさびといった特産の野菜）をどのように企画・デザインして販売し、収入に結びつけていくのかという取り組みを行うようになりました。つまり、野菜のブランディングです。

どんな形でブランディングすれば、生産した野菜を差別化し、付加価値をもっとも高められるか。これは近年注目されている「農業の6次産業化」にもつながるテーマです。

そこでの教育プログラムは、私たちのこれまでの経験をベースにして構成したものです。アイデアを出すだけで終わらず、実際に商品として社会に出してみるところまでやってもらう形になっています。

次ページの写真は2016年の講座で学生と一緒につくったジャガイモ栽培キット「ガチャいも」という商品です。

このときは学生たちを3チームに分けて、それぞれが違うプロジェクトを考え、商品化と販売にチャレンジしました。少し贅沢をして、3チームそれぞれに私たちが手配したプロのコピーライターとデザイナーにも加わってもらいました。

子どもたちに大人気の「ガチャいも」

学生たちが話し合ってアイデアを出し合い、実際に行うプロジェクトの企画を決めたら、チーム専属のデザイナーとコピーライターにオリエンテーションをします。彼らから上がってきたネーミングとデザインに対して学生が意見を出し、修正を繰り返しながら、商品のパッケージなどを仕上げていきます。

学生の若い発想を生かしながら、コミュニケーションを取ってそのアイデアを表現していく。さまざまな取り組みの中で学生たちの発想を実現させていく。そういうブランディングの過程を学生に体験してもらい、各プロジェクトを進めていきます。そして、講師である私たちにプレゼンテーションをし、最後に小菅村の村長をはじめ、村の人々に対して、それぞれの事業プランを提案するという流れになっています。

3チームの中で一番売上が多かったのが「ガチャいも」のチームです。

小菅村ではいろいろな種類のジャガイモが採れますが、それを1種類ずつ、ジャガイモ栽培セットの種芋としてカプセルに入れます。このカプセルをカプセルトイの機械にセットし、お客様がガチャガチャを回すと、いろいろなジャガイモが当たるというアイデアです。

種芋は全部で6種類ですが、中に原種の富士種というジャガイモがあります。これは日本でもかなり珍しいものなので、当たりのレアガチャという形にしました。

カプセルには種芋のほかに、ジャガイモの育て方が書かれた取扱説明書が入っていて、カプセルを開けると、それも一緒に出てきます。ガチャガチャを回した人は自分でその種芋を植えて育てて収穫体験ができるわけです。


そのほか、学生たちの企画の中で印象に残ったものを紹介します。

ひとつのチームは「日本じゃがいも銀行」というテーマで、家族で体験ができる新しいオーナー制度というプランをつくりました。親子でジャガイモのオーナーになって、それを種芋として小菅村にストックするというものです。実際に、農家さんがその種芋を使ってジャガイモを栽培し、オーナー親子がそれを掘りに行って、一部をまた預けます。いわば預金が増えていくようにジャガイモが増えていくという、銀行預金のようなシステムをジャガイモの生育に組み合わせるという企画でした。

もうひとつのチームは「ヤマメになりたかったたい焼き」という企画を立てました。小菅村はヤマメの養殖も盛んで、日本で一番初めにヤマメの養殖に成功したという歴史があります。いまも特産品なので、ヤマメの形をしたパッケージに、はちみつやジャガイモなど小菅村の農産物の入ったたい焼きを入れて販売するという企画でした。

課題は「どうやって付加価値をつけるか」

農大には毎年秋に「収穫祭」という人気の学園祭があります。そこにガチャガチャを置いて販売することにしました。

実際に、世田谷の東京農業大学の第125回収穫祭（2016年10月28〜30日）で販売したところ、これが人気になって、種芋に行列ができるという珍しい現象が起きました。子どもたちがお母さんと一緒にやって来て、ガチャガチャを回してくれたのです。すぐに中のカプセルがなくなるので次々補充していき、最後は用意した種芋がすべて売り切れました。全部で1000個くらい売れたので、大成功と言っていいと思います。

この講座では「どうやって商品に付加価値をつけるか」が課題でした。種芋であれば、通常1個の原価は数円ですが、それをガチャガチャにすることによって1個100円で販売することができました。

商品（ジャガイモ）の魅力を引き出し、コミュニケーションを通じてお客様にそれを伝えることで、原価の何倍でも売ることができるという体験ができたことが、このプログラムのポイントになっています。

農大には「農業のことは農家に聞け」というスタンスがあります。実際に働いている人に聞くのが一番早いということが大学の文化として根付いているのです。実社会でビジネスをしている外部の人間に対しても、話を聞く価値があると思えば、講師として招いてくれます。そういう伝統があるので、このような新しい試みがやりやすかった面があったと思います。この講座は、前回の収益を次の代の学生に受け継いでいくという形で2020年まで続きました。

いずれにしても、市場を中心に動いている現代社会では、モノやサービスをただ提供すればいいというものではありません。ほかとの違いを捉えて、自分たちの強み・独自性を意識して打ち出していかなければ、ビジネスとして大きな成功は望めないでしょう。

第5章

「想い」を伝えるブランドづくり

――売れる秘密⑤　想いの結晶「ブランドコンセプト」の届け方

初めてでもできるブランディングの5ステップ

この章では、一般的に応用できるブランディングのフレームワークを紹介します。ブランディングとは、商品やサービス、事業、またそれを行う企業に憧れや好感を抱いてもらい、その商品やサービスを購入したいと感じさせていく戦略です。基本的には、次の5つの段階を踏んでいきます。

- ステップ1　顧客や現場の声・想いを聞き、現状を把握する
- ステップ2　ブランドの「魅力」を発見する（独自性・優位性）
- ステップ3　ブランドコンセプトの作成（判断軸）
- ステップ4　ブランドの世界観（らしさ）をつくる
- ステップ5　ブランドの体験を設計し、社内外に発信する

私たちはブランディングの仕事をお引き受けする前に、ご依頼のあった企業のホームページを必ず見て、企業理念やビジョン、代表挨拶などの部分をチェックしてから、打ち合わせに入

るようにしています。それは、その企業、経営者がどんな「想い」を持って創業され、経営されているのかを知るためです。つくり手のこだわりや情熱を、売り手、お客様に伝えていくことが、商品開発だけでなく、ブランディングでも決定的に重要だからです。

その出発点となる「想い」を聞き取り、整理していくところから、ブランディングはスタートします。経営者だけでなく、社内の声、関係者の声を広く集めて、その企業がどんな「想い」を持って創業され、企業として動いているのかを考えていきます。

次に、それをどういう言葉で言語化し、どんな形で可視化するかを考えます。

そのためには、現場でのヒアリングや対話の中で、自分たちの目的は何か、どんなブランドなのか、どんなビジョンがあるのかといった企業が伝えたいメッセージをまとめていくことが必要になります。その中核となるのがブランドコンセプト（ブランドの存在意義／ブランドアイデンティティとも言います）です。

ブランドコンセプトは、いわば企業の持つ「想い」や「魅力」の結晶です。それが見つけられたら、今度はそのコンセプトをブランド要素に可視化し、ブランド体験（顧客との体験設計）を通じてお客様に伝えていきます。

ブランディングの重要なプロセスは大枠としてそうした流れになります。

ブランディングは一般消費者を対象とする部分に焦点が当たりがちですが、実はブランディングのプロセスでは、社内の販売スタッフや流通関係の人たちと一緒に、つくり手の「想い」を共有することや、関係各所が協力してプロジェクトを進めていくような仕組みが重要になります。

ヒアリングでは社内の声やイメージを拾っていく

ステップ1では、まずヒアリングを行います。

ヒアリングの手法のひとつがアンケートです。アンケートというと、普通は顧客などのマーケットの声を知るために会社の外に向けて行うことが多いですが、ブランディングの場合は、内側に向けたものも重要になります。社内の人たちの「想い」を知ることも目的になるからです。経営者や従業員、その会社と一緒に仕事をしている関係者の方たちを対象に、こちらで用意した質問を投げかけてお話を伺っていきます。

実際に調査してみると、同じ会社で働いているのに、それぞれの人が持つ自社のイメージがバラバラであることが少なくありません。経営者、従業員、関係者が持っている会社のイメージ（ブランドイメージ）が統一されていないのは、ブランドとしては弱い状態になります。

経営者や従業員が外部にイメージを伝える際、明確に一言で伝えられる会社は、ブランドとして強くなります。社内の人たちが発信する会社のイメージが統一されると、そこで働く人たちの行動にひとつの方向性が生まれ、社外の人たちがその会社を見る目も変わってきます。

会社が目指す方向性を探るために、たとえば「企業や商品のイメージを人にたとえると、どんな人ですか?」といった質問をします。あるいは、「お客様にどのように思われたいですか?」という質問で、各人の「想い」を確認すると同時に、自分たちが世の中でどう思われたいのかも把握していきます。

同様に、「10年後、自社がどんなイメージでいたいですか?」という質問もします。これも、経営層だけでなく、社員さんやアルバイトの方にも回答をお願いしています。

「会社としてどのようになっていきたいですか?」という質問は、一般には、経営層が考えることだと思われています。少なくともアルバイトに意見を聞こうとはしないでしょう。しかし、私たちはできるだけ現場の意見を聞きたいので、ときには全社員やアルバイトの声を収集します。

部署を超えた多様な人たちと「対話型の3C分析」を行う

ステップ2では「3C分析」を行います。

■3C分析

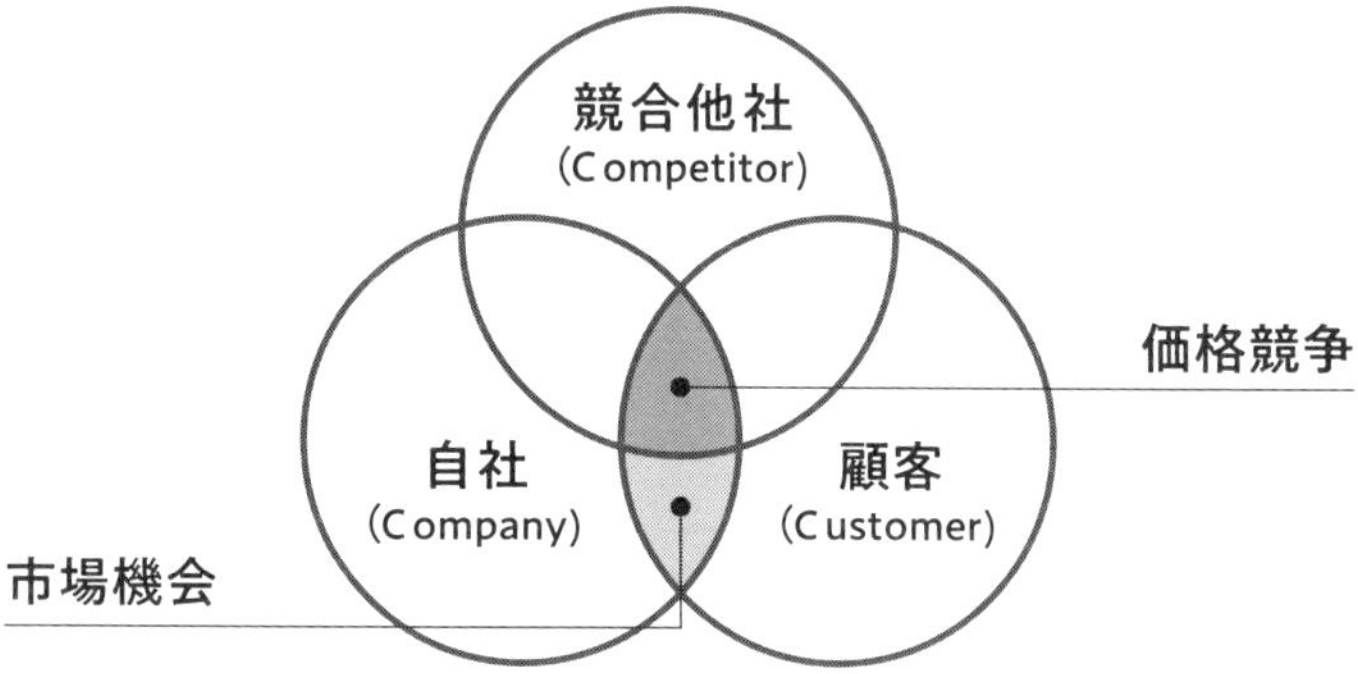

[Point]

・競合、顧客、自社の情報を収集、整理してブランディングの目的を明確にし、市場機会がどこにあり、事業の可能性がどこにあるかを探るマーケティングの分析手法のひとつ。
・図のように 3 つの円を活用することで、顧客ニーズを満たし、かつ競合他社が参入できない領域（市場機会）を発見できる。
・3つの円が重なる中央部では「価格競争」が起こるので、注意が必要。

3Cとは、「Company（自社）」「Customer（顧客）」「Competitor（競合）」の3つの「C」を取ったもので、「自分たちは何をやりたいのか」「顧客ニーズはどうか」「競合他社はどうなっているか」という観点から事業のあり方を考えていく手法です。自社の事業を巡る論点を整理する上で有効なアプローチになります。

3C分析の結果も、私たち、または調査会社で定性的・定量的にまとめてしまうこともできますが、事業における本質的な課題を把握していくには、多くの関係者が加わったチームをつくって一緒に分析していく必要があります。きなこ棒の鈴ノ屋さんのように、社長と奥様以外はパートとアルバイトだけという会社であれば、社長と奥様の二人でチームになっていただきますが、従業員数が多い会社の場合、各部署から代表を選出してもらい、タスクフォースのような形でブランディングチームを編成します。

チームの編成については、たとえば6名いたら、それを2つに分けて3人ずつのチームにしたほうが議論が深まりやすいといった、さまざまなノウハウがあります。

チームの編成ができたら分析に入ります。人数が多いと、ワークショップをするにも時間がかかりますが、それは決して無駄なことではありません。ディスカッションを通じて自社の目指すものと強みをしっかりつかみ、それが関係者の間で共有されていくと、進むべき方向性が見えてきます。その視点を共有している人数が多ければ多いほど、目指す方向に向かっていく強い力が全体に働き始めるのです。

みんなが納得するキーワードを探す

ステップ3は、ブランドコンセプトの作成です。現場のヒアリングや分析作業の中で、関係者のみなさんからお聞きしたキーワードが漏れなく入っているかどうかをチェックしたり、近いキーワードをまとめていったりする作業を通じて、ブランドのコンセプトをワーディング（言語化）していきます。

言語化のゴールは、きなこ棒であれば「カラダにやさしい無添加の駄菓子」というように、ブランドのコンセプトを短い言葉で表現することです。

それが何かをみんなで考え、話し合ってイメージをすり合わせながら、ぴったりくる言葉を探していきます。

このブランドコンセプトは、会社の今後の方向性を決める重要なものなので、関係者全員が心から納得した上で決めなくてはいけません。そのために十分な時間を取って対話を行っていきます。

ブランドを人間に置き換えてみる

ブランドコンセプトが言葉の形になったら、次のステップ4でブランドのパーソナリティ（世界観）をつくっていきます。言葉にしたコンセプトを今度は人格として、「人間だったらどんな人か」という視点で捉え直していく作業です。

人物の年齢や性別などを具体的に想像しながら、言語化したブランドコンセプトに照らし合わせてイメージを膨らませていきます。「この人は、こういうときにはどうするだろう」といったシミュレーションのようなやり方で、ブランドの性格を浮き彫りにしていきます。

このパーソナリティ作成についても、私たち外部の専門家に頼りきるのではなく、会社の関係者によるブランディングチームを中心にして行っていきます。

たとえば、みんなであるテーマについての写真を集めていって、「どの写真がブランドとしてふさわしいか」「どの視覚的イメージに共感を得るか」を考え、なぜその写真を選んだのかを議論しながら、重要な視点をキーワード化していきます。みんなで持ち寄って「これはうちとは違う」と確認するといった作業も行います。

多くの作業を共同で行うことで、関係者全員の中に、ブランドのパーソナリティについての共通理解をつくっていくことができるでしょう。

実例！　ブランドの世界観をつくる

ブランドの世界観をつくる事例をひとつご紹介しましょう。

依頼をくださったのは、ある「おにぎり」のチェーン店です。創業者の方が日本人にもっとお米を食べてほしいという想いで起業された会社です。

相談をいただいたのは店舗数が十数店くらいのときで、まだ数は少ないけれども、いずれ100店舗を目指したいという目標を掲げられた時期でした。

「想い」はしっかりと持たれていましたが、統一したデザインの指針がなく、その場その場でさまざまなテイストの店舗をつくってしまうと、ブランドとしての統一感が失われ、お客様にきちんと認知してもらえなくなります。将来、そういった問題が起きないように、社内で世界観を統合して、新たにブランディングしていきたいというのがご依頼の狙いでした。

どんな業種でもそうだと思いますが、企業が成長していく上で、社内や関係者との間で世界観を共有していくことが必要になってくる時期が必ず訪れます。

このときのブランディングで、私たちのチームは、ブランドコンセプトを「可視化」し、企業の事業目的に結びついた「想い」を表現することをテーマとしました。

事業目的に結びついた「想い」を表現していくために、ここでも最初に行ったのは対話です。「この会社を一言で言うと、どんな言葉になりますか?」という質問を、経営層はもちろん、現場で作業している従業員やアルバイトの人たちにまで投げかけて、お話を伺いました。

ヒアリングの中でいろいろなキーワードを受け取ったら、次は経営層だけでなく現場の人たちにも参加してもらってブランディングのチームを結成し、企業としての特徴を、その企業に属する人たちの手でまとめていく作業を行います。ワークショップを通じて、そのブランドの特徴、ほかにはない強みを発見する作業です。

このおにぎり屋さんの場合、自社の強みとは何だったでしょうか。ワークショップの中で出てきた声をまとめると、次のようなものでした。

「おにぎり屋さんも店舗数が増えていくとオペレーションが難しくなり、品質のばらつきが出てくるので、普通はおにぎりをつくるための型を使うようになることが多い。その中にあって、われわれはそれをしない。アルバイトの方がおにぎりをつくるときも、研修期間を長くとって一人前になってから店に出すようにしている。それだけ手むすびにこだわっている」

少し長い文章ですが、この会社のこだわりや強みがどこにあるのかが理解できると思います。

次に、アンケートや分析作業の中で伺った言葉をもとに、ブランドコンセプトを作成していきます。それをベースにチームで話し合いを重ね、最終的な形にまとめていきます。ブランドコンセプトのまとめ方の参考としては、次のポイントがあります。

- **自社の独自的、優位的な価値が含まれているか？**
- **顧客が受け取る価値やニーズが明確になっているか？**

次ページにブランドコンセプトを決めるときのイメージ図があります。ここで忘れてはいけないのが「顧客の視点」です。ブランドコンセプトを考えていくと、どうしても自社の強みば

■ブランドコンセプトを決めるときのイメージ

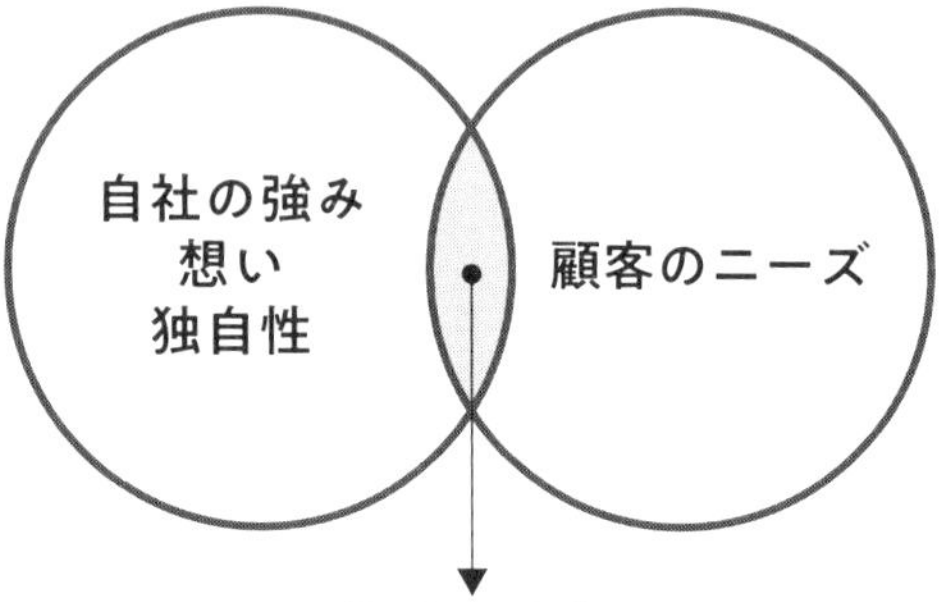

[Point]
・自社の強みや価値を考えるときは、自社に偏った視点になりがちなため、顧客ニーズと自社の強みが重なっている部分に重点を置いて考える。

かりに目が行ってしまい、独りよがりなものになりがちです。ブランドコンセプトは、自社の強みと顧客のニーズが重なる部分に設定しましょう。

ブランドコンセプトを言葉にまとめたら、そこから今度はブランドのパーソナリティをつくっていきます。このおにぎり屋さんがどんな人格なのかを考えます。この作業も関係者によるブランディングチーム全員で行って、まとめていきます。

このようにして各段階を踏んで共同作業を重ねていくことで、現場の人たちも経営層のみなさんも頭の整理ができて、ブランディングのプロセスの中から生まれてきた言葉に納得感が出てくるようになります。

ブランドをお客様に体験させる

ブランドコンセプトとパーソナリティがまとまったら、今度はそれをベースにキャッチコピーやデザイン（ブランド要素）を作成し、ブランドコンセプトを可視化・体験化してお客様に訴求していく活動を展開していきます。

このとき、自分たちをどのように想ってほしいかと質問したときの内容を活用しました。その内容を「生産のこだわり」「精米のこだわり」「炊き方のこだわり」「具材のこだわり」「おにぎりのこだわり」という5カ条にまとめ、「私たちのこだわり」というポスターにして全店舗に張り出し、ブランドとしての想いを一本化する試みを行いました。たとえば、次のような点を全店舗で統一するようにしました。

- ブランドのカラー（規定カラーをつくる）
- 推奨の書体（ポスターから小さなPOPまで統一）
- ロゴマークの使用方法（使用規定を定める）
- キービジュアル（自社のこだわりポスターを各店舗に展開）

言語化、可視化に続いて、最後が「ブランド体験」の設計になります。

店舗での販促物の展開は、お客様の動線と合わせて設計していきます。このときは、私たちが実際にお店に出入りして、お客様の動きをシミュレーションしながら、ポスターなどの販促物をひとつひとつ配置していきました。店に入ってから出るまでの間に、お客様にどのような情報を受け取っていただくか、こちらで細かくシミュレーションをしながら資材を作成していきます。

販促物自体が煩雑になってしまうと、どこを見ていいかわからなくなるので、見てもらいたい部分には目立つ色を使い、定番のＰＯＰは色を抑えるといった視覚的な整理も行いました。

なぜそのパッケージを使っているのか？

ブランディング事例としてもうひとつ、第4章でも取り上げた稲庭うどん小川さんのケースをご紹介します。

このプロジェクトのきっかけは、それまで稲庭うどん小川さんの広告のサポートをしていたデザイン会社さんが私たちを紹介してくれたことです。

稲庭うどん小川さんは秋田県にあり、地理的に離れていたので、最初はオンラインでお話を伺いました。このときは社長、専務でもある奥様、そして一世代上の会長が参加されたのですが、創業者でもある会長は、ブランディングやデザインに関して本当に効果があるのか、と疑問視されていました。

まず、当時の稲庭うどん小川さんの包装について質問してみました。パッケージのイラストにはどんな意味があるのか、知らない人が見たときにどんな情報を得ることができるのか、といったことを質問し、考えていただきました。

当時の稲庭うどん小川さんのパッケージはクラシカルなイラスト入りで、一人のおじさんがうどんをつくっている様子が描かれていました。このおじさんが何者で、なぜパッケージに使われているのか質問してみると、創業者の会長もそのおじさんが誰なのかわかっていませんでした。

創業当時、印刷会社が何案か持ってきたものの中から選んだもので、なんとなく入っていたそうです。それをそのまま創業から変えずに使ってきました。

そこで、パッケージデザインだけでなく、ウェブサイトも含めて、みなさんの「想い」があまり反映されていないので見直してみてはどうかと提案したところ、社長と専務には納得いただけた部分があったようです。

詳細をお話しするために、秋田県の稲庭うどん小川さんの本社を訪問しました。まず対面でお話を伺い、事業や商品への想いを深く知った上でブランディングを考えていくのが私たちの基本姿勢です。地方の企業の場合でも、ブランディングの依頼をお引き受けしたあとは、必ず現地訪問をしています。

メーカーである稲庭うどん小川さんは、これまで基本的に営業を商社に任せていました。そのため、自社からはほとんど情報発信をしていませんでした。しかし、駄菓子と同じく、乾麺も業界全体として売上が下がってきているので、生き残っていくには自社製品のよさをしっかりと発信していく必要があるという認識があり、最終的にブランディングを実施することになりました。

後発でもブランドはつくれる

そこからさらにヒアリングを実施して、経営層、事務部門、製造現場の方など、企業横断でブランディングのチームをつくり、公認会計士にも参加していただきました。こうして編成したチームで、対話型の3C分析を行います。

3C分析では、自社、顧客、競合の3つの円を描き、それぞれが重なる部分で「自社の強み」「競合の強み」「顧客のニーズ」を考えていきます。

稲庭うどんの業界には、江戸時代から続く業界で一番の老舗があります。ここは売上規模も大きく、稲庭うどんを代表するメーカーです。同業他社である稲庭うどん小川さんにとっては、この業界最大手という競合とどう差別化していくかが、ブランディングのポイントのひとつになります。

あちらには何百年という歴史があるのですが、それに比べると、稲庭うどん小川さんは後発で、このリブランディングをするときにちょうど40周年でした。

私たちの3C分析では、すべての情報を同じように扱うのではなく、自分たちが何をしたいのかという「想い」を中心に考えていきます。そこをおろそかにして顧客のニーズばかりを追い求め、自分たちが本当はやりたくない領域で事業を展開していると、ブランディングとしてはうまくありません。

最近のトレンドを追い求めた商品づくりに偏ってしまうと、自社の特徴から外れ、競合先が多くて一見客が求める「流行りもの」のエリアにどんどんはまってしまいます。しかし、そこで商品をつくっても、自分たちのパワーがなかなか発揮できません。

本質的な方向性からずれてしまうと、力のロスになるので、3C分析でも「自分たちの強みや特徴」から考えていき、次に「お客様ニーズ」を考えるステップを経て、最後に「競合はどうか」という順番で検討していきます。ここは、顧客から考えていく通常のアプローチとは少し異なる、私たちの3C分析のポイントになります。

3C分析の図（鈴ノ屋さんの例）でいうと、「自社の強み」と「顧客のニーズ」と「競合」が重なり合ったちょうど中央の部分は、競合もいて自社でも提供している価格競争のエリアになります。

いかにその部分に行かないように、他社がやっていないことを行うかが、生き残るためにも収益を上げるためにも必要な企業戦略のポイントになります。

それには、鈴ノ屋さんでいえば「カラダにやさしい無添加の駄菓子」のように、お客様が他社ではなく鈴ノ屋さんのきなこ棒を買う意味が出てくるものを探して、商品化していくことが必要です。

自社商品の中に「お客様がその商品を選ぶ価値」をいかに見いだして訴求していくか——それが伝達設計の肝の部分になります。

■対話型の3C分析で市場機会を見極める

鈴ノ屋の特徴	
	駄菓子の菓匠
特徴ベスト1	素材を生かした、昔ながらの菓子 素朴で、素直な、飽きのこない味 きなこの風味を最大限に楽しめる 柔かさ、口どけ（さっぱり感） 飽くなき向上心・探究心＝『菓匠』 「食用玩具」と対極の菓子づくり
	“安全・安心”への責任感
特徴ベスト2	食品を扱うものとしての責任・義務 体にやさしい菓子づくりへのこだわり 無添加 国産原料:北海道産大豆、加工黒糖 品質管理:生産当日 出荷 きなこ 前日挽き
	業界の改革者、革新者
特徴ベスト3	元祖 きなこ棒 元祖でありながら、進化・成長を追求 文化を守り、継承するための改革・革新 「庶民のおやつ」=日常の“みんな”の楽しみ 「身近で手軽なお菓子がみんなを喜ばせ、楽しませてきた」大切な文化、守りたい文化

競合	
直接競合	・他社のきなこ棒 ・げんこつあめ
間接競合	・洋菓子 ・チョコレート ・グミ ・マシュマロ ・米菓

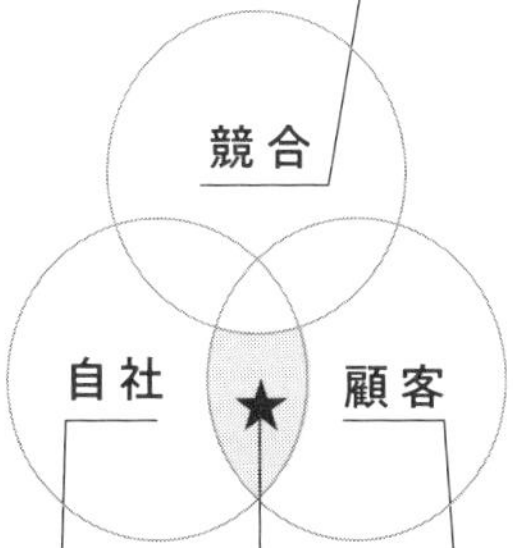

お客様・お取引先		
ニーズ	顕在	・きなこが好き ・安い ・おいしい ・爪楊枝が懐かしい ・机やカバンにいつも入れておける ・歯にくっつかない
	潜在	・体にいい　・お通じがよくなる　・人と遊ぶゲームになる（当たりクジ） ・懐かしさに浸る ・コミュニケーションの糸口になる　・つながりができる
先入観・当たり前	＋	・懐かしさを感じる ・買いやすい　・安い ・楽しい　・見た目がかわいらしい　・小さい　・持ち運びしやすい　・子どもはみんな好き　・駄菓子屋のおばちゃん　・大人がたまに大人買い
	−	・体に悪い（添加物、合成着色料） ・味が濃い　・子どもには食べさせたくない　・駄菓子屋さんが激減 →スーパー、コンビニで買うもの

【市場機会／チャンス】

カラダによい素材を厳選し、
駄菓子の美しさと文化を伝える匠

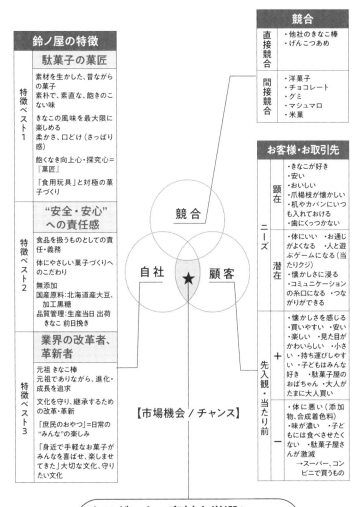

目指す方向を言語化し、ペルソナを考える

ブランディングでは、自社の商品の価値がどこにあるかを導くために、「自社ブランドを最大評価してくれるお客様は誰か」という視点で考えていくアプローチがあります。これを「最大顧客像（ペルソナ）」と呼びます。

たとえば、「売りやすいお客様は誰か」という視点で見ていくと、〝安いから買う〟という一番数が多いお客様になってしまいかねません。その方向性では過当競争になってしまい、利益が上がらず、差別化もできません。

それよりも、どんなお客様がこの商品を評価してくれるのかという視点で見ることが大切です。その顧客像を探っていくことは、ブランディングのメリットのひとつで、「値段が高くても、欲しいから真っ先に買う商品」という方向にたどり着きやすくなります。

顧客像のプロファイリングをしながらＰＯＳデータを検証して、「現状の購入者がどういう層なのか」「そうなっている理由は何か」などの分析ができればベストなのですが、流通大手以外でそういったデータを見て特定のお客様を狙うという戦略が立てられる企業は少ないでしょう。そこで、まずは仮説をつくるため、社内のメンバーを中心としたワークショップを通

じて「どういうお客様が自分たちの商品を評価してくれるか」という問いの答えを具体化していくことにしています。そうすることで、話し合いをしているメンバーの視点（どんなお客様に向かって商品を考え、売っていけばいいのか）が揃っていきます。そこにペルソナを考える意義があるのです。

実際の市場にどんなお客様がいるのかという形でセグメントを細分化していくと、ペルソナ像になるわけですが、そこでもまず「自分たちはどういう商品価値をお客様に提供していきたいか」が見えていないと、ペルソナ像は機能しません。

自分たちの目指す方向性を先に決めておく必要があります。たとえば「カラダにやさしい無添加の駄菓子」という方向性を定めた上で、それを一番評価してくれるお客様を考えると、小さい子どもがいる家族といった具体像に落とし込むことができます。

視点次第でターゲット像も変わってくるので、先に方向性を定めるステップをしっかり踏んでいくことが重要になります。

お話を伺うと、稲庭うどん小川さんには、さまざまなリサーチをしながら商品の改良を続けていて、独自の製法を築き上げてきたという後発ならではの歴史がありました。その部分が企業としての特色ではないかと考え、「伝統とは古さ比べではなく、革新の積み重ねである」という理念に行き着きました。

そして、この理念を言語化していき、最終的に「TENOBE INNOVATION（手延ベイノベーション）」というブランドコンセプトが生まれたのです。

対話型の3C分析では、分析と同時に、チームメンバーによるディスカッションをする中で、自社の置かれた状況の認識や商品への「想い」を参加メンバーが共有していくことが重要です。そうやってみんなで話し合い、ブランドを特徴づけるテーマや方向性を見つけ出していくところまでが、ブランディングの前半のプロセスになります。

ブランドコンセプトをデザインに落とし込む

ブランディングの後半では、言語化したテーマをどう可視化していくかを考えて、デザインに落とし込んでいきます。その際は「ブランド要素をどうするか」という視点で考えていきます。

ブランディングでは、お客様にブランドを認知させる経路が大きく分けて2種類あります。ひとつは「ブランド要素」、もうひとつは「ブランド体験」とされています。

ブランド要素とは、ブランド名（ネーミング）、ロゴマーク、色、キャラクター、パッケージ（空間デザイン）、タグライン（キャッチコピー）、ジングル（音楽）、ドメイン、香り（匂い）の9つです。「ブランドを体現する最小単位の要素」とも言われます（84ページ参照）。

ドメインというのはURLのことで、たとえば「kakaku.com」のようなわかりやすいURLが取れれば、それも強力なブランド要素となります。

これら全部を使わなくてもかまいません。そのブランドにとって有効な要素をピックアップして、コンセプトに合わせて調整していきます。

稲庭うどん小川さんの場合も、きなこ棒のケースと同じく、パッケージデザインの変更が後半の作業の中心になりました。まずパッケージをブランドコンセプトに沿ったデザインに変え、そこからパンフレットなど、ほかのブランド要素に展開していくという順序です。

ブランド体験とは、お客様がそのブランドを認知するルートのことです。食品の場合で言うと、たとえば「店で食べる」「駅で広告を見かける」「クチコミ（職場の雑談、友人との会話など）」「ロゴ入りのレジ袋を見かける」「SNS（ツイッターなど）でコメントを見る」「テレビで紹介されているのを見かける」など、さまざまな形があります。

それぞれのシチュエーションで、お店の「想い」をどういうふうに伝えていくのかを考え、具体的な設計をしていきます。

言葉とデザインを融合させる

稲庭うどん小川さんの新しいパッケージについては、「お客様に何をどう伝えたいのか」「自分たちが理解した方向性をどう可視化していくのか」という視点から、ブランドコンセプトとの整合性を考えて、私たちの側でパッケージ案をつくっていきました。

ポイントとして、第4章でも取り上げた差別化の要素「油を使っていない」を可視化するために言葉をパッケージに入れました。また、分析を進めていくと、他社が約4回ほど熟成させているところ、稲庭うどん小川さんは「五段熟成」といって熟成回数が多い特徴があったことがわかり、それも言葉としてパッケージに入れました。

大学の研究機関から「熟成を繰り返すことによって、麺の中に気泡が生じ、その気泡がゆで上がりの時間を短縮し、歯ごたえやコシを生み出す」という報告があったので、美しい泡を意味する「美泡」という言葉をつくり、独自の製造方法をプラスイメージのメッセージとして打ち出していきました。

最終的には、写真のようなパッケージになりました（216ページ参照）。

「無添加」「油不使用」「美味美泡麺」「五段熟成」という稲庭うどん小川さんのさまざまなこだわりを「判子」としてパッケージに刻印するというスタイルです。「小川」の文字は、麺が吊るされて干されている様子を模したイラストで表現し、中央のパターンは気泡を表現しています。このデザインは、日本パッケージデザイン大賞で入選作品に選ばれました。

世界観を統一して変えていく

パッケージに続いて、「ブランドブック」という稲庭うどん小川ブランドの想い、魅力、世界観を伝えるパンフレットも作成しました。パンフレットでは製造の工程をひとつひとつ取り上げ、素材、熟成の様子、手延べで麺を伸ばしていく作業などをビジュアルで見せています。キービジュアルをどうするかを考え、それを企業の「顔」としていくことも大事なポイントです。稲庭うどん小川さんの場合は「吊るし」の工程で、実際に乾麺を吊るしている様子を撮影した写真をキービジュアルとし、それをいかに情緒的に見せていくか表現を工夫しました。このひとつの写真がパンフレットだけでなく、いろいろな販促物に一貫して入れられ、アイキャッチとしての効果も生んでいます。

お店ののれんも新しいロゴに合わせて変えてもらい、その上で改めて写真を撮っ

こだわりを表現したパッケージデザイン、日本パッケージデザイン大賞・食品部門入選

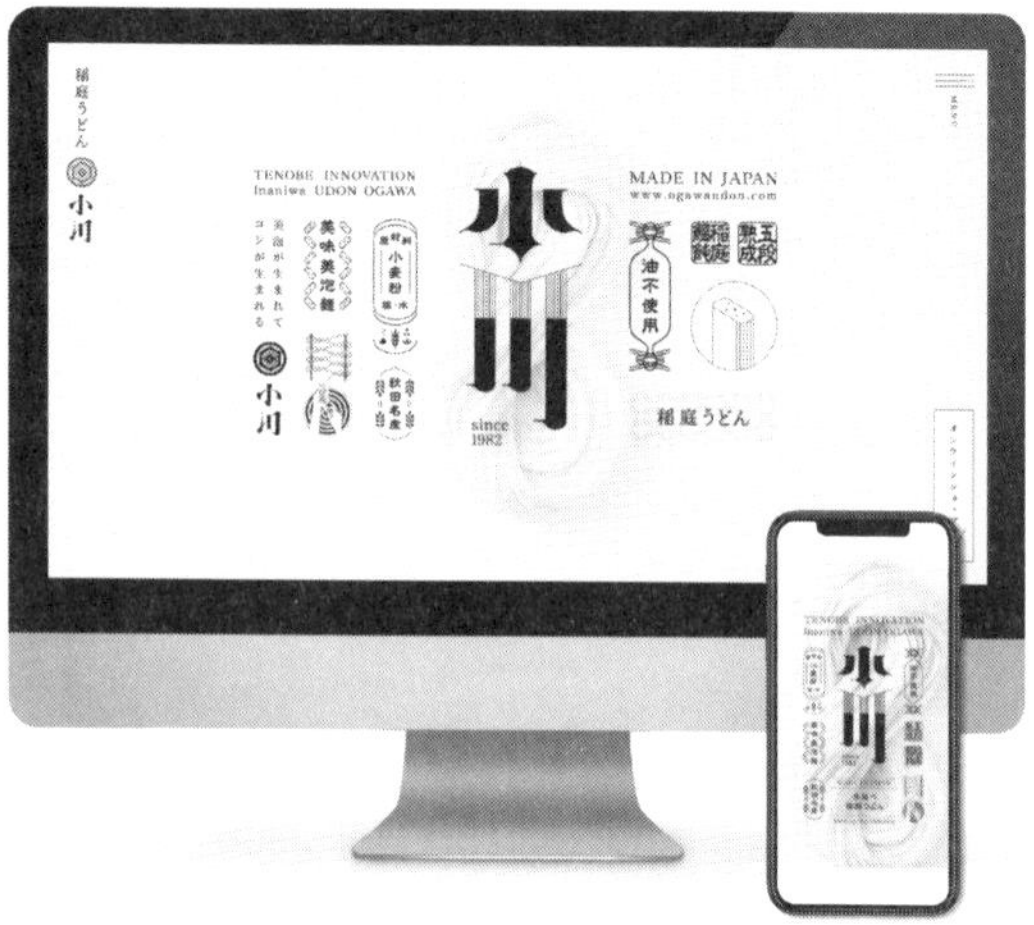

リニューアルしたサイト、日本BtoB広告賞・ウエブサイト〈製品PR〉の部金賞

て、それをパンフレットに入れました。また、パッケージの写真もパンフレットで取り上げて、そこに込められた「想い」を文章で説明しました。

油や添加物を加えないと言い切るのは企業としてなかなか勇気がいることですが、あえて「お客様にお約束すること」として前面に打ち出しました。「美泡」というのは今回つくった造語なので、言葉としても頭に残るようなキャッチフレーズを組み合わせて、その説明をしています。

職人が温度や湿度に合わせて細かく調整しながら、手作業でうどんをつくっていくという、麺製造の細かい部分も写真で見せるようにしています。また、どんな風土の中で生まれたのかを伝えるために、冬の秋田の豪雪の写真も入れています。エンドユーザーが麺づくりの道具にも興味を抱く場合があるので、小道具類もきれいに撮って、稲庭うどん小川の世界観を形づくっていきました。

さらに、稲庭うどん小川は2004年に「手延べ干しめん特定JAS」認定工場第1号に選ばれており、そこもアピールポイントとして打ち出しています。

うどんのレシピ紹介では「イノベーション」というイメージに合わせて、スタンダードなレシピに加えて、イノベーティブな新しいレシピを加えています。

自社サイトについても、新たなブランドコンセプトに沿って完全にリニューアルしました。

「自分たちのつくった言葉」をいかに伝えていくか

ブランドコンセプトは、「自分たちでつくりあげた言葉」であることが大きな推進力になっていきます。同じ言葉でも、外部の会社が企業の担当者の話を聞いて数週間ほどで提案するような対話が少ないプロセスだと、たとえ語感がいいと思っても、その言葉で自分たちの「想い」を伝えたいという気持ちにはなかなかなれません。

今回、「手延ベイノベーション」というキーワードをつくったので、これをしっかりプロモーションしていく必要がありました。ただ、自分たちでつくった言葉なので、内部での浸透はかなり強力に進みました。

みんなで時間をかけて話し合い、自分たちの強みは何か、競合他社との違いは何かをとことん考え、それを評価してくださるお客様像を検討して、最終的に納得できる言葉が見つかると、おのずと「この言葉を大切にしよう」という気持ちが湧いてきます。この言葉からずれないように事業を広げていくという、共通の世界観を意識した事業構築ができてくるのです。

稲庭うどんの販路開拓では、商社が流通や小売店にプレゼンをして、店頭に商品を置いてもらう営業パターンが中心です。その販売方法を強化するためにも、つくり手のこだわりを販売してくれる人たちにどう知ってもらうかが重要になってきます。販売を商社に任せている場合、その商社が最初のお客様になります。

このときは、稲庭うどん小川さんにお願いして、私たちから直接、商社のみなさんにお話しする機会を設けていただき、これまでの過程を振り返る資料を用意して、稲庭うどん小川さんの新パッケージデザインに込めた意味や、リブランディングのプロセスについてプレゼンをしました。

営業担当のみなさんに、具体的にどんな流れでブランドコンセプトやデザインができたのか、そのストーリーを知ってもらうことで、こちらの「想い」を伝えました。そのこともあって、営業担当の方がスーパーに営業に行ったとき、この商品ができた「想い」をしっかり伝えてくれるようになりました。また、それによって商品を店に置いてもらいやすくなり、置いていただいたあとの販売面でもよい効果が出てくるようになりました。

パッケージが切り替わった時点では、まだプレスリリースだけで、大きく広告展開はしていなかったのですが、切り替わった瞬間に大手ドラッグストアの数百ある全店舗に置いてもらえることが決まりました。それまでなかった取引先ができて、売上が一挙に20％も増えました。ドラッグストアだけに、「油不使用」というヘルシー面がセールスポイントになったのかもしれません。いずれにしても、パッケージのリニューアルを中心としたリリースだけでリブランディングの効果につながりました。

大手のコンビニでも、関東の数千店舗で、新パッケージで展開させていただくことになりました。こちらのコンビニの品揃えは自社開発の独自商品が中心ですが、今回はNB商品をそのまま入れてもらえました。そういった面でも、新しいパッケージのインパクトがあったように感じています。

さらに続くイノベーション
——麺つゆの開発から世界に向けた商品へ

このときのリブランディングでは、パッケージだけでなく、商品そのものにも新しい展開が生まれました。たとえば無添加のつゆをつくったことです。

それまでも、うどんとつゆをパックにした商品はありましたが、麺つゆについては稲庭うどん小川さんはほとんど関わっておらず、つゆメーカーさんから提案されたものをつけていただけだったそうです。これも40年間変えずに使っていました。

今回は、手延べイノベーションというテーマで自分たちに何ができるかを話し合う中で、企業間でコラボレーションしながら稲庭うどんに合うつゆを開発しようというチャレンジの機運が生まれてきました。メンバーたちは、文化5年創始という歴史のあるかつおぶし問屋さんと一緒につゆの開発に着手し、稲庭うどんに合う無添加の新商品をつくり上げました。

こうしたイノベーションの取り組みを進めていくうちに、稲庭うどん小川さんの前向きな姿勢が地元でも評判になってきました。

秋田県大館市のお弁当屋さんがパリの駅の構内で、期間限定の駅弁屋を開くというプロジェクトがあり、そこで販売されるお弁当の中に、パスタ風にアレンジした稲庭うどんを入れるという計画が持ち上がりました。

こうした場合、普通であれば稲庭うどんのナンバーワンメーカーに話が行くところですが、稲庭うどん小川さんのイノベーション活動が秋田県で知られていたことで声がかかり、お弁当の中に入れるバジルソース味のうどんとして、稲庭うどん小川さんの麺が使われることになりました。そのご縁で、稲庭うどん小川さんは、秋田県からの委託を受けて、このお弁当屋さんがパリで開いた秋田の物産展にも、うどんを出品することになりました。

さらに、こうした話を耳にしたＮＨＫからも取材依頼があり、稲庭うどん小川さんを密着取材して、海外企業と商談しているところを放送してくれるなど、さまざまなメディアでも取り上げられるようになりました。

私たちが作成したパンフレットには、最後に「本物の稲庭うどんを世界の食卓へ」のメッセージを入れてあります。この言葉はビジョンでもありますが、海外市場開拓も視野に入れていたことのアピールでもありました。そして、ブランディングを敢行したことで、それまで15カ国だった海外との取引が、ブランディング後には34カ国以上に増え、輸出事業の売上が390％もアップしたのです。

ただし、ここでも問題となったのが麺つゆでした。ヨーロッパにはヴィーガン（菜食主義）の方が多く、かつおだしの麺つゆがなかなか受け入れられないという問題があったのです。そこで、稲庭うどん小川さんではいまビーガンつゆを開発し、海外の市場を伸ばしていこうという取り組みを始めています。

巻き込み型のブランディングが大きなパワーをつくり出す

地元や取引先の間で、稲庭うどん小川さんが革新的な活動をしていることが周知された結果、さまざまな企業から協業の打診が来るようになりました。たとえば「稲庭うどんを使ったビールをつくれないか」といった話が来るようになったのです。

自分たちから言い出さなくても、革新的というイメージに惹かれて、いろいろな企画が舞い込んでくるのです。「手延ベイノベーション」をキーワードとし、それを実際の行動に移していったことで、稲庭うどん小川さんはいま、そんな好循環を生み出すブランドに育ってきたのだと思います。

リブランディングで「自分たちはこうなりたい」「こんなふうに思ってもらいたい」と考えてつくったキーワードがただあるだけでなく、真摯《しんし》にその方向に向かって歩き出すことで、事業に大きな効果が出てくる好例と言えるのではないでしょうか。

リブランディングのあと、稲庭うどん小川の社長から「最近は従業員が自主的に提案をしてくれるようになった」と伺いました。

実は、最初に稲庭うどん小川さんの経営トップの方たちとオンラインでお話ししたとき、私たちが提案した「社内横断でブランディングチームをつくる」ことには抵抗があったようです。

地方の企業には、経営は経営陣が考えることという考え方が強く残っていて、これまでは現場から改善の声などは上がってこなかったのかもしれません。

しかし、実際に、チームの一員として会社のブランディングに参加し、意見を汲《く》み上げてもらうという経験をすると、現場の人たちのマインドは変わってきます。

稲庭うどん小川さんの製造現場のみなさんには、自分の業務を完璧にこなすことが第一という職人気質の方が多く、それまでは自分の仕事以外のことを提案していいのかという遠慮があったのかもしれません。

ブランディングのプロセスを通じて、これまで沈黙していた人たちが「会社は自分たちの声を求めている」と気づくようになると、ブランディングによる事業改革は加速していきます。

私たちのブランディングは、このようになるべく多くの人を巻き込み、影響を拡大していく形で設計していきます。

まずチームをつくり、ひとつひとつのステップをなるべくチーム全体で共通認識を取りながら、周囲を巻き込んで進んでいく。伝達の過程で熱気に巻き込まれた人が一定以上になると、販売の現場にまでパワーが達し、思ってもみなかった風が吹き始める――。きなこ棒が大ヒットしたのも、稲庭うどん小川さんが海外で躍進するようになったのも、そういう現象が起きたからだと思っています。

リブランディングでBtoBからBtoCへ

最後にもうひとつ、これまで基本的にBtoBの取引であった企業が、ネット通販でBtoCへの参入を考え、さまざまな企業努力によってそれを成功させたケースをご紹介します。

カニを中心とする海産物を扱う鳥取県の「門永《かどなが》水産」さんです。門永水産さんは、従来、殻付きのカニやカニ身を飲食店に販売するビジネスを主に行ってきました。しかし、直接、BtoCで商品を売って販売用のブランドを立ち上げたいと考えたことから、門永水産さんにもともと入っていたコンサルタントさんが、私たちを紹介してくれました。

チャレンジスピリットのある企業なので、最初からブランディングに前向きで、私たちが現地に行くと、すぐにプロジェクトがスタートすることになりました。

門永水産さんの経営課題は、カニの生産量が世界規模で年々減っていることでした。10年前に比べると、生産量は激減していて、このままでは事業が先細りになってしまうのではないかという危機感をお持ちでした。そこで、それまでBtoCの経験は少なかったけれども、今後はカニ以外の水産品を活用した加工品を開発するとともに、カニも殻付きやむき身売りだけでなく、より付加価値の高い商品にして、ダイレクトに消費者に販売していきたい、というご希望でした。

いつものようにリサーチをしてチームをつくり、3C分析からワークショップを始めました。

門永水産さんの特徴としてユニークなのは、仕入れが主に海外の漁場で、実際のカニ漁の現場に自分たちで行き、そこから直接仕入れていることです。世界の漁場に行って、その国の人々と対話を重ねて取引を始めるスタイルで、カニの質は高く、価格競争力も十分でした。

もうひとつユニークなのが、門永水産さんの代表がバイク乗りだったことです。ハーレーダビッドソンで全国を回って、食べ歩きをするのが趣味なのです。全国でいろいろなものを食べては、「これをカニにしたらどうだろう」といつも考えているというお話でした。

結果、自社のパーソナリティとして「食の探究心」「カニへの愛情」「遊び心」といったキーワードが上がってきて、最終的なブランドコンセプトもそこから生まれてきました。

ブランドコンセプトは「カニへの愛情と遊び心」です。

この場合の「遊び心」とは、この料理の素材をカニにしたら面白いのではないかと思いつくような感覚のことです。

このケースでは、ブランディングチームが同時にB to C用の商品開発チームも兼ねていたのですが、商品開発のチーム名も「Crab Club～蟹倶楽部～」という遊び心を感じられるネーミングにして、社員は自由にそこに所属できることにしました。

商品開発ではこの遊び心を発展させて、何かを食べて〝おいしい〟と感動したら、それをカニで実現できないか考える習慣をつけるというアイデアをメンバーで考えました。「商品開発アイデアシート」という名称で、自分たちが食べた料理で感動したものやおいしかったものについて、店名や価格のほかに、魅力に感じた点やカニへの活かし方をまとめてレポートにすると、食事代が経費で落ちるという仕組みを提案しました。この制度をつくることで、商品開発マインドの社内浸透を図りました。

TOTTORI KADONAGA

地域名も取り入れた新しいブランドデザイン

BtoCの事業ブランドの名前も少し変えました。「鳥取」という生産地の地域名が魅力的なので、それを新たにつけ加えて、事業ブランドを「TOTTORI KADONAGA」としたのです。地域ブランドのパワーを借りるという発想です。

門永水産さんはそれまで一般向けの自社販売サイトを持っていなかったので、商品開発とともに自社のECサイトもつくりました。また、それまで楽天にあった販売サイトもブランドコンセプトに合わせてリニューアルして、ブランドの世界観を表現するようなショッピングサイトにつくり込みました。写真もさまざまなものを撮影し、商品のレシピ動画やカニの食べ方についての新提案などもお役立ち情報として提供しています。

BtoC商品の第1弾は、社長のアイデアから生まれました。「かにみそバーニャカウダ」という、カニ味噌を使ったバーニャカウダのソースを開発したのです。肉につけたりパスタにしたり、さまざまな食べ方ができます。そういったレシピも考案し、自社サイトやSNSで発信していきました。

これには大きな反響があって、さまざまなメディアで取り上げられ、鳥取空港や多くのセレクトショップにも「かにみそバーニャカウダ」が置かれるようになりました。ほかにも「コンフィ」をつくったり、カニを獲るときに一緒に上がってくる魚を材料にした西京漬けや粕漬けなどの「漬魚」を展開していきました。漬魚のギフトセットは、「楽天グルメ大賞2022海産加工品部門」を受賞しています。

パッケージデザインでさらなる売上増へ

新商品のパッケージデザインは私たちが担当しました。中でも、漬魚の詰め合わせのパッケージは、ユニークなものに仕上がっています。

イカや魚をリアルな細密絵で描いて、それに重ねて金色をかぶせてグラデーションにしていき、「漬け」を表現していくという試みで、ブランドコンセプトの「遊び心」をパッケージで表現しています。

このデザインは以前にも触れたペントアワードという世界的なパッケージデザインのコンペ

商品の特徴「漬け」をパッケージに表現

ティションで銀賞をいただいています。この受賞もPRのひとつになって、漬魚の詰め合わせがグルメ雑誌などに取り上げられたり、ギフト商品に選定されたりするようになりました。

こうしたブランディングも功を奏して、ホームページやSNS経由で商品についての問い合わせが増加し、門永水産さんの業績は大きく伸びています。漬魚だけでも、いまは大きな売上になっているそうです。

第6章

「想い」が売れる商品をつくる

企業と顧客の間にある「見えない壁」を取り除こう

コンビニで加盟店のフィールドカウンセラーとして働きはじめて最初の年に、商品開発の原点となる体験がありました。

おでんの販売です。当時（2001年）は、いまのようにおでんの販売マニュアルは整備されていませんでした。本部の商品部に電話をして、おでんの具材一品一品についてのこだわりを教えてもらい、その情報を担当する各店のオーナーさんに伝えて、その上で販売してもらうようにしていました。

すると、おでんの売上が大きく伸びて、全国数千名のフィールドカウンセラーの中で7位となりました。

商品の特徴や、それを開発した方、生産している方の「想い」を直接伺い、それを販売する店舗にもお伝えして、そこからさらにお客様に伝えていただきながら、販売にもつなげていく。それによって、売上が格段に増えていったのです。

いま振り返ると、このときの原体験が、その後の商品開発の方向性を決めたのではないかと感じます。

2011年3月、東日本大震災が勃発しました。

コンビニでは、このとき、地震と津波により多くの店舗が壊滅的な被害に遭う一方で、独自の物流網を使って東北以外の地域で生産した食品を現地に運んで配布し、被災地におけるライフラインとして機能したというご評価もいただきました。

そのような中、被災地では、これまで製品の供給をお願いしていたメーカーさんが甚大な被害を受け、サプライチェーンが分断されていました。このとき、私はおせち料理の担当もしていました。

おせちに使う「ぶりのてりやき」を岩手県の食品メーカーさんにお願いしていたのですが、開発の途中で東日本大震災が起き、このメーカーさんでは3つある工場のうち、2つの工場が津波で流され、最後に残った工場も浸水して機械がすべて海水に浸《つ》かってしまったのです。

5月になって実際に岩手を訪れると、周辺の被害が生々しい中で私は愕然《がくぜん》としていました。ただ、工場に着いて驚いたのは、このメーカーの社員さんたちが残された機械が錆《さ》びないようにみんなで磨き込んでいたことです。その光景を見て、なんとしてもこのメーカーさんの「ぶりのてりやき」で商品をつくりたいと決意しました。しかし、正月までに製造体制が整うのか危ぶまれました。工場も復活できるかどうかの補償もありませんでした。しかし、社長をはじめ社員のみなさんの取り組みで、無事におせちをつくることができたのです。

その年のコンビニオーナーさん向けの商品展示会では、それまでなかったおせちのブースを初めて設けていただき、そこで岩手のメーカーの社長に、ぶりのてりやきについての熱い想いを語っていただきました。社長の言葉を直接聞いた全国のコンビニオーナーさんたちから「感動した！」「力を入れて取り組むよ！」といった声をたくさんいただき、その年のおせちの売上は前年比2桁の伸びとなりました。

商品の「想い」をお客様に届けるには、まず、つくり手とお客様の間にいる、売り手のみなさんにその「想い」を感じてもらわなくてはなりません。強い「想い」のこもった商品であれば、売り手のみなさんを巻き込むことによって、その熱はお客様に伝わっていきます。

しかし、現実には、つくり手と売り手の間にはいろいろな壁があって、「想い」の伝達を妨げています。この壁を取り除き、商品の「想い」を伝達できるようにしなければいけません。

味方であるはずのビジネスパートナーからの反対

商品開発でもブランディングでも、プロジェクトを進めていくと、いろいろなコミュニケーションの壁にぶつかるものです。

前章で紹介した稲庭うどん小川さんのケースでも、いくつかの壁がありました。ひとつは最初の段階で、創業会長がブランディングの必要性についてやや懐疑的だったということ。現社長と専務でもある奥様が中心となってブランディングプロジェクトを進めていたのですが、私たちとしては、当然、会長の耳にも進捗《しんちょく》状況は伝えられているものと思っていました。ところが、実際はそうでもなかったようなのです。

もうひとつ壁となったのは、販売を担当している商社の方から、今回のデザイン変更に対して反対意見が出てきたことでした。稲庭うどん小川さんは基本的に商社経由で販売を行っているビジネスです。中でも、中心的な存在の商社さんがやめたほうがいいと強く反対してきたというのです。

ただし、それに対しては社長とその奥様が、新しいパッケージに決まった経緯を詳しく説明してくださり、最終的には商社さんも納得して了解を取り付けたということでした。

このとき奥様が「いまのパッケージと、油不使用というこだわりが感じられる新しいパッケージを並べると、自分だったらこだわりがあってヘルシーなほうを選びます」とお話ししたことが説得の決め手になったそうです。

営業を頼っている商社さんに対して、自社の「想い」をきちんと伝えることができたのは、それまで稲庭うどん小川さんの社内で現場の人たちを交えたワンチームとして、ワークショップなどで対話をしながら積み上げてきたプロセスがあったからです。そのため、お二人に「これが自分たちの目指す方向性だ」という確信があり、それが相手にも伝わったのだと思います。

新しいパッケージでは、これまでになかった稲庭うどん小川さんが企業として訴求したい価値が明示され、つくり手のみなさんの「想い」がしっかりと表現されています。チームに参加した全員が、パッケージを構成する言葉やデザインについて、ひとつひとつの意味を自分の言葉で説明することができる状況になっています。それが周囲を説得するキーになったのではないでしょうか。

「壁」がなくなれば、大きな力になってくれる

さらに、私たちも知らなかった壁がありました。今回の稲庭うどんのパッケージの刷新については、実は、会長に了解を取る前にどんどん進めてしまっていたという不確定要素があったそうです。

せっかくみんなで話し合って決めた新デザインですが、会長にひっくり返されるリスクがありました。商社さんをなんとか説得してＯＫをもらったあと、最後の段階として、会長の了解

をもらうという関門が残ってしまったのでした。

これについては社長が、会長の機嫌がよさそうな日を会長の奥様から伺った上で、タイミングを見極めてお話しされたということです。これで「ダメ」と言われたら、すべてが無駄になるかもしれないという状況だったのですが、出来上がったパッケージデザインを実際にお見せしたところ、会長も感性がすごくよい方で、一目見て賛同なさったそうです。

案ずるより産むがやすしですし、いまとなっては笑い話で済みますが、このように一般のお客様に訴求する前の段階で、社内や関係者の間でプロジェクトの意義を理解してもらい、その推進に巻き込んでいくことは決して簡単なことではないのです。

最初は反対していた商社の方も、私たちから申し出てリブランディングの説明会を開くなどした結果、途中からは一転して前向きに協力してもらえるようになりました。商社の人たちがパッケージのリニューアルに反対したのは、やはり、自分たちは何年もこの商品を売ってきたという愛着や自負があるからです。その思い入れが強いほど、パッケージを変えて売上を落としてはいけないという、現状維持の気持ちが生まれてきます。リスクを取ってまで変えたくないという部分もあるかもしれません。

ただ実際には、パッケージのリニューアルは、営業の大きなチャンスです。リニューアルしたことをお客様や店舗に連絡するとき、改めて商品をアピールする場ができるからです。これまで稲庭うどんを置いていなかった店舗や、違うメーカーの製品を置いていた流通さんに、リニューアルした商品のこだわりやストーリーをお話しすることで、お店側の担当者のスイッチが入り、試しに置いてみようと思ってもらいやすくなります。

そういった意味でも、切り替えのタイミングの少し前に、売り手のみなさんに商品について深く知ってもらうことが重要です。それをしておくことで、リニューアルをきっかけに販売が好転する可能性が高くなります。

幸い、このとき商社さんはリニューアルを機に小売各社に積極的に営業をかけて、私たちが作成したブランドブックをあちこちに配ってアピールしてくれました。リニューアルが明らかな成功を収めたあとは、今回のリニューアルをわが事のように喜んでくれました。これは非常にありがたいことです。流通を担当する商社さんの協力がなかったら、今回のブランディングもここまで成功することはなかったでしょう。

自分の中にある「想い」を大切にしよう

きなこ棒プロジェクトの成功も、メーカーである鈴ノ屋さんの小林社長との共同作業を通じて肌身に感じたきなこ棒への熱い「想い」を、スーパーのバイヤーさんや店長さんをはじめとする販売の現場のみなさんにうまく伝えられたことが大きな要因でした。

私たちがきなこ棒に入れ込んだのは、ひとつには、いま廃れつつある駄菓子の文化を受け継ぐのはスーパーしかない、という思いがあったからでした。駄菓子については子どもの頃に楽しい記憶があって、以前からなんとなく「いつかやりたい」と考えていました。

東京の北千住のあたりは下町で、私たちが子どもの頃は、まだ近所に駄菓子屋さんがたくさんありました。北千住にあった父親の実家に帰省したときは、親戚と一緒によく駄菓子屋巡りをしたものでした。北千住から電車で3駅の日暮里には、駄菓子問屋が百何十軒も並ぶ駄菓子屋街がありました。そこにも遊びに行き、駄菓子をたくさん買ってもらった思い出があります。

大人になってからそのときのことを思い出して、久しぶりに駄菓子屋街のあったところに行ってみたら、そのあたり一帯は整地されてタワーマンションになっていました。

その駄菓子屋街の跡地にできたタワーマンションの2階に1軒だけ、いまもまだ駄菓子屋さんが営業しています。経営していたのはおばあちゃんで、そのおばあちゃんともたくさん話をしました。もう何年も前になります。駄菓子問屋だった人たちは整地されたときに店を売って、いまはみなさんそのタワーマンションに住んでいるそうです。

「みんな引退して楽なほうに行ったのに、どうして一人だけ、駄菓子の商売を続けているのですか？」とおばあちゃんに尋ねてみました。

「私はね、戦後ずっと駄菓子に助けてもらったから。この先はたぶん娘が継いでくれると思うけど、続けていくことが大事だから一生懸命やっているよ」

おばあちゃんの娘さんがお店を手伝ってくれているということだったので、いま頃はおばあちゃんに代わって、娘さんが店を切り盛りしているかもしれません。

そんな経験も「駄菓子で何かやりたい」「駄菓子の文化を絶やさずに守っていきたい」と思った理由のひとつです。

奇跡的な出会いが社内の仲間を動かした

きなこ棒のプロジェクトは、和の素材を使った駄菓子を探している中できなこ棒を見つけ、袋に書かれていた連絡先にメールしたことが始まりでした。

そのきなこ棒のメーカーである鈴ノ屋の小林社長は、その何年か前まで、新潟県に本社があるヨーグルトの会社で営業員をしていて、そのときにスーパーとヨーグルトの独自商品を開発していたのです。私たちとプロジェクトを始める前に、そういう不思議なご縁があったわけです。

小林社長はその後、会社を辞めて独立し、奥さんと鈴ノ屋という会社をつくりました。そのとき、「いつか、このスーパーとプライベートブランドの話が来るような会社にしたいね」と奥様と話していたそうです。

そして、こちらがメールした日のちょうど前日に、たまたま小林社長と問屋さんの担当者とで、「そろそろ準備は整ったのではないですか」「どうやって、スーパーさんに入れてもらいましょうか」という話をしていたそうです。鈴ノ屋さんが取引していたのは、大阪にある菓子卸問屋では売上日本一の問屋さんです。

そんな話をしたと思ったら、当のスーパーの人間からメールがあったので、小林社長はてっきり「そうか、昨日の問屋さんが話してくれたんだな」と思ったそうです。それで最初に電話で話したときは、「問屋さんから連絡がありましたか？」「えっ？」というようなトンチンカンなやりとりになってしまいました。

初めてお会いしたときにも小林社長は、

「妻と一緒に独立してから、いままで『いつか、あのスーパーさんから話が来るくらいの会社になりたいね』と話し合いながら、日々一生懸命やってきました」

と話されていました。誰だって、そんなふうに思ってくれているメーカーさんと一緒にやりたいものです。

きなこ棒プロジェクトにとってラッキーだったのは、大成功となったテスト販売のあと、私たちと鈴ノ屋さんとの出会いのエピソードが社内報に掲載され、「いつかあのスーパーから声がかかる日を夢見て」というタイトルで取り上げられたことでした。

社内報に掲載されたのは、小林社長がヨーグルトメーカー時代にスーパーと独自商品をつくった経験があって、独立してからも、このスーパーから声がかかるくらいの会社にしたいと思いながら取り組んできたというお話でした。社内報でメーカーさんとバイヤーのつながりの話が出てくるのは、それが初めてのことだったそうです。

当たり前ですが、スーパーで働いている人たちには、自分の会社が嫌いな人は基本的にいません。ずっと自分たちの会社に憧れていたメーカーさんが独自商品をつくってくれたということは、スーパーの社員の誰にとってもうれしい話です。それは店長さんたちも同じでした。

私たちは店長会議の場にも参加して、「奇跡が奇跡を生んだような形で小林社長と出会いました」という話を店長さんたちにしました。きなこ棒をつくっている鈴ノ屋の小林社長との出会いから、スーパーとの不思議な巡り合わせ、斜陽化が進む駄菓子の世界に飛び込んで独立したこと、原料のきな粉や黒糖の産地にまで出かけて何度もやり直して商品開発をしたことなど、これまで本書で述べてきた話を熱く語りました。

この商品はこのスーパーの店舗でしか扱いません。しかし、鈴ノ屋さんはまだまだそんな大きな会社ではありません。当時は1日5000パックしかつくれなかったので、各店舗から事前に発注数をいただかないと、生産計画が立てられない状況でした。この点についても、店長さんたちに強く訴えました。そのときは話しながら、内心で「全部で5万パックきたらすごいな」と思っていました。

1カ月に100円×5万=500万円分も売れる商品というのは、お菓子ではそうそうありません。その壁を越えられたらヒット商品になるので、店長さんたちにお願いをしました。

メーカーさん、デザイナーさんと取り組んできた事実を、「想い」を持って店長さんたちに伝えるというのが、私たちの考えた作戦でした。

さらにこのとき、店長会議の場でも試食会を行う予定でした。

「素材を見直したことで、変わってしまった味のバランスを調整するために、小林社長が何度も何度もつくり直して、ようやく納得のいく製品ができました。これは今朝、小林社長が3時に起きてつくってきたものです。出来たてですので、どうぞお召し上がりください」

しかし、「会議中だから食べられない」と指摘を受け、店長会議での試食会は断念しました。

それでも、会議のあとに、興味がある店長さんに食べてもらうことにしました。すると、みなさん「うまい、うまい」と言ってくれたので、私たちも力を得ました。

「スーパーに入って思うのは、失われつつある駄菓子の文化を守っていこうという店長さんたちが大勢いることです。駄菓子を通じてひとりでも多くのお客様、お子さんが楽しみに来てくれるようなお店にしていきたいと思います。みなさん、お願いします！」

これまでの「想い」を店長さんたちにぶつけました。やはり意気に感じてくれる店長が多く、「よし、1000個くれ」というような雰囲気になっていき、店長会議のあと、蓋《ふた》を開けてみたら、発注が思っていた数をはるかに超えていたのです。

正確な数字はここでは申し上げられませんが、5万どころか、10万袋を優に上回るちょっと普通ではありえないような数になりました。

「品質（おいしさ）」＋「想い」が爆発力を生む

最初の発注で想定を大きく超える数の注文がありましたが、鈴ノ屋さんは1日5000袋しかつくれません。予想外の事態にまったく生産が追いつかなくなってしまいました。

私たちも責任があったので、鈴ノ屋さんにお手伝いに行ってきました。土曜日に南千住の鈴ノ屋さんの工場に行って、袋詰めを手伝ったのです。そうしたら、問屋さんからも3人くらいお手伝いに来てくれました。

当時の鈴ノ屋さんには製造ラインがひとつしかありませんでした。上からお菓子が落ちてきて10個ずつ袋にパックされるという自動包装の装置もまだなくて、すべて手作業で包まなければいけません。袋の端にきなこがちょっとでも噛んでいるとアウトなので、1枚ごとにチェックしながら、噛んでいる袋を外して、問題ないものを包んでいきます。私も1日やってみましたが、1日中ずっと包装作業を続けるというのは本当に大変なことで、普段その作業をやっているパートさんのご苦労が身にしみました。

ともかくそうやって、問屋さんまで手伝ってくれて、みんなで袋詰め・箱詰めをして、なんとか注文に応じることができました。店長さんたちも巻き込みましたが、このように問屋さんも巻き込んでいました。あのプロジェクトは、本当に最後まで「ワンチーム」でした。

きなこ棒の独自商品の成功要因を冷静に分析すると、先行販売したNB商品で大きな実績を上げていたことも大きかったと思います。

あそこまで試食販売で売れた商品はそうはありません。お店としては、売上や利益が欲しいという現実的なニーズがあります。その思惑と、このときのような「会社としてやるぞ!」という気持ちの面の両方があると、全体が盛り上がって一丸になって動き出す瞬間が出てくるものです。そのどちらかだけではダメなのです。

よい商品なのに売れないというものは、世の中にたくさんあります。その一方で、おいしくないのに売れ続ける商品はありません。ここが商品開発の難しいところで、みなさん悩んでいると思います。

おいしく仕上げるだけでは十分ではなく、そこに自分は何のためにこの商品をつくるのかという「想い」が加わると、1のものが10にも100にも化けていきます。「想い」が持てないバイヤーは長く続かないと思います。

想いを持つには、「現地・現物・現実」を大切にすること。これしかないと思います。

商品の「想い」はお客様の共感を呼ぶ

表に出てこないお客様の生の声は、「気づく力」（序章参照）と「想い」がなければ、なかなか認識することができません。そして、お客様が本当に欲しいものをつくっても、商品に込めた「想い」が関係各所に浸透し、さらにお客様に伝わらなければ、売れる商品にはなりません。つくり手の「想い」に売り手を巻き込み、その「想い」をお客様に伝えていく。そのために何をすればいいか——。

きなこ棒の事例でいえば、店長会議のあとで店長さんたちに実際に試食してもらったという体験がひとつのキーになったと思います。店長さんたちは流通を司る立場で、扱っている商品をメーカーさんがどのような気持ちでつくっているのかについて、私たちの話を聞くと同時に、実際のきなこ棒を試食することで体感・共有することができたのです。

お客様はメーカーさんの「想い」（ブランドの世界ではよく「ストーリー」と言われます）が入っているものに強い共感を持ちます。

鈴ノ屋さんときなこ棒のストーリーをお客様に知ってもらうための作業のひとつが、試食販売でのマイク放送であり、店頭で実際にパッケージを手に取ってもらったときの対面のコミュニケーションでした。そのときに注意したいのが、表に出てこないニーズをお客様に気づいてもらうことです。それには、実際の「原料・配合・工程」だけではなく、パッケージやそのほかの表現・体験を通じてお客様にきちんと訴求していくことが不可欠になります。

もうひとつのキーは、鈴ノ屋の小林社長が試食販売の売場に何度も立ったということでしょう。

ブランディングの仕事をやっていて痛感するのは、メーカーさんは、普通、お客様との間に大きな距離や隔たりがあるということです。しかも、自分ではそのことになかなか気がつけません。

それを体感してもらうために、ワークショップを実施し、頭の構造を逆にしてお客様の気持ちになって商品を体験してもらうことなどをやってもらいます。このケースでは、社長自ら販売の場に立つことで、お客様との感覚の違いを縮めることができたと思います。

試食販売でもうひとついいのは、試食で実際の味を確かめられることです。食品の場合、実際に味わうことが何よりのブランド体験になるからです。

ブランドを認知させ、商品をヒットさせるためには、そうした共感の流れをひとつひとつしっかりつなげていかなければなりません。それは口で言うほど簡単なことではありませんが、このときは、それが見事に噛み合ったように感じています。

私たちは講座でよく「ベクトル力」と言っています。みんなが同じステージに立って、同じ「想い」を持てるかどうかを表す言葉です。スポーツでも会社でも、みんな同じでしょう。うまくいっていないチームは、だいたいベクトル力が足りません。社長だけがその気になっているといった状況だと、プロジェクトはうまくいかないのです。

駄菓子をつくれるメーカーは世の中にたくさんあるでしょう。しかし、一緒に仕事をするときに、どこでもいいというわけではありません。「何のためにこの商品をつくるのか」というベクトルが合わないメーカーさんとは、結果的に一緒に仕事はしませんでした。

きなこ棒のプロジェクトでは「何のために駄菓子を扱うのか」「きなこ棒でどんな風穴を開けるのか」というベクトルがみんな揃っていたから、大成功したのだと思います。

目的と目標と手段をしっかりと明確にすること

目的を考えずに目先の仕事をしても成果は出ません。仕事に取り組む前に、その仕事が「何のため」のものであるか、基本理念に則り、きちんと立ち止まって考えることが、成果を出すためにはもっとも重要だと思います。

きなこ棒で言うならば、「衰退していく日本独特の駄菓子文化を守り、多くのお客様が食べて笑顔になっていただくこと」になるでしょう。

「森（目的）↓林（目標）↓木（手段）」の三段視点で全体を捉え、数値ですべて話せるようになると、人に伝わりやすくなり、ベクトルが合いやすくなるはずです。

そして、ベクトルを合わせていくことと同時に、「現状分析↓お客様の不の解決となる課題の抽出↓仮説力↓実行↓検証」というプロセスを通じて、よりよい商品が世の中に出ていくことを願っています。

【参考図書】
一般財団法人ブランド・マネージャー認定協会『ベーシックコーステキスト』

おわりに

最後まで読んでくださり、本当にありがとうございました。

商品開発の裏には、生産者の方たちをはじめとして、多くの方々が関わり、最終商品になっていることがおわかりいただけたかと思います。

この一次生産者の方たちの「熱い想い」をしっかりと受け取り、この想いを物語としてブランディングすることが「ものづくり」への第一歩だと思います。

それは国内、国外にかかわらず、どの地域でも同じです。商品開発、ブランディングは人と人との出会いと縁のつながりから始まっているということが、この本を読んでくださった方々に伝わったとすれば、とても嬉しく思います。

今後も、産地との関係性、生産工程、物流から見直して、分断されている世の中を統合し、みんなが幸せになれる構図づくりに邁進していきたいと考えております。

本書のサブタイトルは「大手コンビニ・食品スーパーのあの人気商品はどうやって生まれたのか？」となっています。

その言葉どおり、本書では私たち近野、長田の二人が実際に開発したり、ブランディングを担当した人気商品の事例を取り上げており、その中にはみなさんが目にした、あるいは口にしたものがいくつかはあったと思います。

この商品ひとつひとつの裏には「熱い想い」の物語があるということを頭の中で描いていただけたら嬉しく思います。

ヒット商品を生み出すには、いや、すべての仕事には、お客様の困りごとや「不の解決」を考え、仮説を立てて、「熱い想い」と「意志」を持ち、「行動」を起こし、「現地・現物・現実」をしっかりと意識して、まわりを「巻き込んでいく」ことが大切です。

高空を舞う鷹のような俯瞰した目で市場のターゲットを定めるマーケティングの考え方は、ビジネスの成功には欠かせないことを繰り返しお伝えしました。

本書をお読みいただいた読者のみなさんにはぜひ、ここで取り上げた事例を通じてヒットを生むための思考の要諦を学んで、それをご自身の仕事に当てはめ、応用していただきたいと心から願っています。

そして、われわれは商品開発とブランディングを通じて、日本を再びワクワク感（本当に自分自身がやりたいことがわかる状態）で充満している国にしたいと思っています。そのために、まずは自分自身から、そして家族へ、さらに仲間・組織へと意識変容・行動変容を促していき、商品開発と人財開発事業を通じて、日本全体が自己肯定感の高い幸せな国になれるように力を尽くしていきたいと思います。

最後になりましたが、この私たちの熱い想いを出版するにあたり、多くの方々から貴重なフィードバックをいただきました。本当にありがとうございます。そして、編集に携わっていただいたダイヤモンド社の田口さんのお力添えに大変感謝しております。

また、お忙しい中、アドバイスをいただいたコピーライターの安田健一さん、シャハニ千晶さん、ディレクターの針谷誠児さん、福島治さん、本書の帯に貴重なコメントをくださった浅見隆さんには大変お世話になりました。本当にありがとうございます。

そのほか、この場を借りて多くの方にお礼申し上げます。また家族にもお礼を言わせてください。何度も文章を見直してくれて、よりよいものへとベクトルを合わせてくれた家族にもありがとう。いつも応援してくれる両親や、コミュニティの縁尽メンバーのみんな、縁会メンバーのみなさん、そして今まで商品開発に携わってくださったみなさんのお陰で、改めて商品開発、ブランディングへの想いが飛躍的に向上することができました。ありがとうございます！

この本を手に取ってくださった出会いに心よりお礼申し上げます。

熱い想いを物語に「商品開発」×「ブランディング」を通じて、ワクワク感や好奇心に駆られる人を未来の世の中に増やしていければ、これほど嬉しいことはありません。

2023年7月

近野　潤
長田敏希

[著者]

近野 潤（ちかの・じゅん）

Enjin Plus代表取締役。大学卒業後、大手コンビニエンスストア入社。中国商品開発部長、商品部インフラPJ・CMD等を歴任。大手スーパー商品開発担当部長歴任。「つくり手の魅力を最大限に引き出す商品開発」をモットーに、商品開発歴は16年に及ぶ。2022年4月、株式会社Enjin Plusを設立し、「商品開発」「人材育成」「コミュニティ運営」の事業を通じて、誰もが仕事と人生に全力でワクワクできる社会を目指す。株式会社ビスポーク執行役員を兼務。

長田敏希（おさだ・としき）

ビスポーク代表取締役。ブランドコンサルタント・クリエイティブディレクター。広告代理店勤務を経て、チームビルディング、ブランディングを核に、多角的にソリューション提案を行うコンサルティング企業、株式会社ビスポークを設立。クライアントとの丁寧なヒアリング（対話）を重視しながら、組織の理念作成からBI（ブランド・アイデンティティ）開発、内外に向けたクリエイティブ開発まで、クライアントが対面している状況、市場環境を加味し、企業に合わせた隅々までフィットするコンサルティングを提供する。世界三大広告賞のカンヌライオンズ、The One Showをはじめ、D&AD、NY ADC、iFデザイン賞、グッドデザイン賞、毎日広告デザイン賞など国内外の受賞歴多数。著書に『ブレイクスルーブランディング』（クロスメディア・パブリッシング）がある。

うまいを上手く伝えて売れるを作る
驚きの商品開発術
——大手コンビニ・食品スーパーのあの人気商品はどうやって生まれたのか？

2023年8月22日　第1刷発行

著　者——近野 潤／長田敏希
発行所——ダイヤモンド社
〒150-8409　東京都渋谷区神宮前6-12-17
https://www.diamond.co.jp/
電話／03·5778·7235（編集）　03·5778·7240（販売）

イラスト——猫田こきり
編集協力——久保田正志
ＤＴＰ——荒川典久
校正——久高将武
製作進行——ダイヤモンド・グラフィック社
印刷——八光印刷（本文）・加藤文明社（カバー）
製本——加藤製本
編集担当——田口昌輝

ISBN 978-4-478-11646-3